クロスロードの記憶◎目次

ブックデザイン　鶴丈一

クロスロードの記憶

川藤幸三と江夏豊

あれは左腕の無言の〝メッセージ〟信じてやまぬ〝春団治〟

一本の電話が、スポーツの世界を書きはじめるきっかけとなった。

ノンフィクションの別冊号を出す予定です。テーマは自由、医学ものでもいいですが面白い読み物ならなお結構――そんな電話を掛けてきたのは、『文藝春秋』編集部にいた白石一文氏――後の直木賞作家――だった。

ふと浮かんだのは、当時、阪神タイガースの代打の切り札だった川藤幸三である。長年のトラファンであったが、スポーツの取材経験はない。主に医学領域を仕事としていたのだが、〈代打とは何か〉をテーマにすれば面白いかも……と思ったのである。一九八六（昭和六十一）年夏である。

これまで、川藤は成績不振によって幾度も馘《クビ》になりかけたが、「年俸はいくらでもええ」といって生き残ったとかで、「球界の春団治」という異名を授かっていた。一見、がらっぱちで、どこかコミカルなイメージもあるが、接触を重ねるにつれ、神経こまやかな、明晰《めいせき》な人であることを私は知っていった。

福井県立若狭《わかさ》高校からドラフト九位でタイガースに入団。投手として入団するも使いものにならず、外野に転向するが、打力は非力。代走もしくは外野守備で使われる日もあったが、長く、一軍と二軍の間を行ったり来たりする「一・五軍選手」であり続けた。

それでもじりじりと力をつけ、入団十年目あたりから代打という一芸を磨いて一軍に定着し、しばしば殊勲打を放った。川藤は練習の虫であり、努力家であり、遅咲きの選手だった。この年、トラひと筋で十九年目、三十七歳のシーズンを迎えていた。

私は川藤に、是非尋ねたいことがあった。前年の一九八五（昭和六十）年、阪神は、ランディ・バース、掛布雅之、岡田彰布《あきのぶ》、真弓明信らが打ちまくり、二十一年ぶりにセ・リーグ優勝、日本シリーズでも西武ライオンズを破って日本一になった。その年の一打席である。

六月四日、甲子園球場での対巨人戦。九回裏、二死満塁の場面で川藤が打席に立った。八―六で巨人がリードしていたが、一打同点、長打が出れば逆転サヨナラだ。代打として、これ以上ない場面である。

マウンドにあったのは加藤初《はじめ》。ストレートは速く、スライダーは鋭い。

この場面、私はテレビ画面を見詰めていた。カウントは二―三。最後の一球は真ん中のストレート。川藤のバットは大きく空を切った。バットにかすりもしなかった。ド真ん中なのに……なぜだったのだろう……。

一年余り前の一打席を、川藤はよく覚えていた。加藤の投げた一球ごとの球種とコース、加えて、そのたびごとの打者心理まで語ってくれた。

「真っ直ぐを待って変化球にも対処する、というのがバッティングの基本です。でもワシはそんなええバッターやないさかいにね。球種を絞り切って振らないと打てない」

フルカウント。もう真っ直ぐしかない。そう予測しつつ、スライダーかもという思いが抜けないのだ。

「結局、絞り切れんかったということです。最後、豪快に振ったように見えたかもしれんが、半呼吸、遅れとった。要は、上辺《うわべ》の勝負やなしに、腹ン中の勝負で初に負けた。あの晩は悔しくて一睡もできんかったです」

この打席、途中でカウントは〇—三となっている。ここで川藤には一瞬、「押し出しでもいいか」という〝邪念〟が入った。逆に、加藤は「開き直った」。以降、球種は真っ直ぐのみ、ラストボールも迷いなく、真ん中めがけて投げ込んだ。心理上のわずかなアヤが、結果となって現れたのか……。

二人の証言は、球種、コースとも、初球から最後の七球目まで一致していて驚いた。渾身の力を込めた勝負であったが故に、打者も投手も、一年余り前の一打席を脳裏に刻み込んでいた。

ムードメーカーとして成績以上の活躍をした

プロ野球というのもすごい世界じゃないか……。そう私は思っていた。

最後のひと振り

タイガースが優勝したこの年、川藤の成績はいまひとつ。加藤との一打席での敗北感がずっと尾を引いた感があった。

翌一九八六年。前半戦は、振ればヒットという感じで好調が続く。縁がないはずのオールスター戦にも監督推薦で出場した。

秋風が吹きはじめた日、甲子園での最終戦、対大洋ホエールズ戦が川藤の〝引退試合〟となった。まだやれるという気持はあったけれども、シーズン前、今年一年で区切りをつけると口にした。そうである以上、それがけじめだと思ったのである。

最後のひと振りから弾き返された球は、ゴロでセカンド正面に飛んだ。一塁ベースを駆け抜け、ベンチへと戻る川藤に花束が手渡された。球場全体から湧き上がるような拍手の中、スタンドに向かって大きく花束を差し向けながら川藤はベンチに消えた。

この光景を、私は三塁側スタンドの通路口で、球団営業部職員の小笠原正一と並んで見ていた。

小笠原は盛岡農高・日通盛岡を経て入団してきた外野手で、入団年次でいえば川藤の四年後輩だが、一軍経験がないまま三年で解雇されている。ただ、真面目な性格が買われたのであろう用具係に誘われた。故郷に帰っても就職口は乏しい。ありがたいと思って話を受けた。用具係を八年つとめ、その後、営業部に移った。

昼間、甲子園の室内練習場で、川藤の個人的なバッティング練習の相手役をつとめてきたのはこの男である。マシーンじゃ練習にならん――という声を耳にして、手伝いをはじめた。二人だけの〝秘密練習〟は十数年、この日まで続いた。

「正ちゃんとのあれがあったからね、なんとかこの世界でメシが食えるようになった。感謝するとかね、そんな通り一遍の言葉じゃいえんですよ……」

そう川藤はいった。

プロの選手が個人的な練習を重ねるのはあたりまえのことだ。不思議でもなんでもない。ただ、小笠原にとってはなんなのか。川藤とは元の同僚という以上の関係はなにもない。

毎日の個人練習で投げる球は百五十球ほど。朝、ランニングする癖がついた。そうしないと投げられない。いつしか投手の持病である肘痛にも悩まされてきたのであるが。

カワの奴、野球を取ったらなにも残らんでしょう。俺もそうだけれども……。そう小笠原はいった。多分そういうことなのだろう。他から見ればこの無償の行為も、彼の中では、俺も野球を続けてきたということに過ぎない――のだと。

甲子園でゲームのある日、この〝定位置〟から、小笠原は川藤の全打席を見詰めてきた。そのことを、ファンも、打席の川藤も知らない。

「いい当たりだったのに。もうちょっと横だったら抜けていたのに」と私はいった。

小笠原はなにもいわない。いえないのだ。涙を見せまいとして、彼はそっと外野席の方を向いた。

王との真剣勝負

川藤の入団一年目の一九六八（昭和四十三）年は、江夏豊にとって二年目である。大阪学院高からドラフト一位で入団、早々とエース村山実に次ぐローテーション投手となった。二年目、タイガース時代では最高のシーズンを送った。二十五勝（十二敗）をあげ、シーズン奪三振数四百一個という空前――おそらくは絶後の記録を残している。

いまや高校生でもスライダーやフォークを投げる。江夏は入団時、カーブも投げられなかった。バッターのアウトコース低めにずしんとくる重い真っ直ぐ、ちらっと変化する「カーブまがい」の球、加えて打者心理を読む投球術を駆使して、ばったばったと三振を奪った。

江夏のタイガース時代の足跡を記す『牙』というノンフィクションを書いた。幾度かインタビューしたが、その日は少々調整を要する用件があって、終始、江夏の表情は硬かった。別れ際、「近々、川藤さんと会って思い出を訊く予定です」というと、江夏は表情を崩して、「ふっふっふっ」と笑った。二人の関係がうかがい知れた。

江夏に残る川藤の初印象は、高知・安芸のキャンプ地での出来事である。まずは「学生服姿のくりくりした可愛い少年」というものであったが、いかにも小柄で非力、取り柄らしきものがない。「うちのスカウトは何を見てるんだ」とも思った。

もうひとつは、宿舎の夕食時のこと。スキヤキ料理であったが、この少年、食うわ食うわという感じで、丼メシを何度もお代わりする。さっそく「大メシ食らい」という渾名《あだな》がついた。「アイアン・ストマック（鉄の胃袋）」とも呼ばれた。川藤によれば、とにかくメシを食って身体《からだ》をつくらないとどうにもならない、と思ったからという。

入団して数年、川藤は試合の終盤、センターの守備固めに入るようになった。巨人のV9時代、主砲のONを迎えると、マウンドの江夏がめらめらと燃え上がっているのがわかる。かわすことはまったくない。真っ向勝負、力と力、打ち取るか打たれるか、二つにひとつ、それだけじゃないか——と「背中が」語っている。

村山実が長嶋茂雄をライバルとしたのに対し、江夏は王貞治をライバルとした。幾多の名勝負があった。

王が福岡ダイエー（現ソフトバンク）ホークスの監督をつとめていた日、バックネット裏の小部屋で、往時の江夏との対戦の思い出を訊いた。別れ際、ふっとこういった。

「江夏君とは、タイガースとカープ時代を含めて十二年間対戦しましたが、確かデッドボールはひとつもなかったと思いますよ」

江夏によっても、王にぶつけたという記憶はない。二百五十八打数、七十四安打、二割八分七厘、二十本塁打、五十七奪三振——二人が対戦した全打席のトータル記録である。

勝負球はインコース膝元の真っ直ぐ——。二人の証言は一致している。それでいてデッドボールがない。それだけ江夏のコントロールが良かったからだが、もうひとつ、江夏が打者にぶつけても仕方がないと思って投げる投手ではなかったことがある。打者の心理を読む高度な投球術を駆使しつつ、究極、勝負においてクリーンだった。

拙著を上梓してから、江夏とは何者か、と訊かれることがあったが、私はこう答えるのを常とした。

——ことグラウンド内においては素晴らしいプレーヤーだった、と。

プロ中のプロ

川藤は酒豪、江夏は下戸《げこ》であったが、この後輩が気に入ったのであろう、「カワ、行こうか」と、ネオン街に誘う日があった。旨い酒、かつ財布は先輩もちだ。楽しくないはずがない。けれども、川藤は江夏の誘いを、三度に一度は断ることがあった。

「可愛がってもらえるのはうれしいです。酒も大好きです。けれども、立場が違うんです。一・五軍選手がスター選手のケツについて呑み回っている。自分が許せんのです。一人前になったら心置きなく呑ませてもらいます」

チームメートとして歳月をともにしつつ、二人は互いを理解していく。

以下は、二人が現役を引退し、野球解説者となってからの挿話である。江夏は覚醒剤の保持・使用容疑で有罪判決を受けた。服役を終え、解説者としてカムバックして間もない日のこと、安芸のキャンプ地近くのゴルフ場で顔を合わせた。

「先輩、刑務所暮らしはどうだったですか。何か面白いことありました?」

川藤は大きな声でいった。周りは一瞬、シーンとなり、やがて何事もなかったようにプレーが続いた。

自分ならいいえる。いうことによって江夏も周りも楽になる。そのことを計った上での台詞だった。

二人のかかわりは、本質において照れ性の、〝気ぃ遣い同士の〟交わりであったように思える。

代打で、起死回生のヒットを放つ。塁上で、川藤はよく思っていた。

——これで入場料を払ったお客さん、満足してくれたかな、と。

長く優勝とは縁がなかった。お客さんを満たすのは選手の個人技しかない。江夏の豪球、村山の熱投、田淵幸一の一発、藤田平の好打好守……。たとえ脇役の代打に過ぎなくても、その一翼にあるのが自身のひと振りだと思っていた。

チームの和もヘチマもない。酒を食らおうと夜遊びをしようと、それがどうした。プロに問われることはただひとつ、お前は今日、二千数百円を支払って球場に来てくれた客に、その額に見合うプレーを見せたのか、と。

川藤が江夏への敬意を失わなかったのは、この投手こそ、自身の一芸をもってファンを堪能させるプロの中のプロであったからである。

タイガースは監督のよく代わるチームであったが、江夏は歴代の監督としばしば衝突した。対マスコミもギクシャクした。川藤の見るところ、摩擦が生じる一因は江夏の「突っ張り」にあった。一度、江夏にこういったことがある。

「先輩、肩肘張って生きるのはしんどいでしょう。このあたりで、もう、やーめた、とはならんのですか」

「お前のいいたいことはわかるが、いまさら人にへいこらへいこらはできん。オレはどこまでいってもこんな生き方しかできない男なんだ」

入団十年目、江夏は江本孟紀《たけのり》らとの交換で南海ホークスへトレードに出された。監督は吉田義男。球団の首脳からは、江夏がいると優勝できないという声も伝わってきた。だれよりも優勝を望み、だれよりも縦縞《たてじま》のユニフォームを愛していたのに……。後輩のしたことは、黙って背番号28を見送ることだけだった。

リーグVの九回表に対決

南海で江夏は、野球学の大家、野村克也監督兼捕手のもとで「クローザー」という新たな一芸を磨くが、二年後、広島カープに移籍する。振り返っていえば、南海での二シーズンは心身のリハビリ期間だった。長く苦しめられた肘の痛みはほぼ治り、投球術は玄妙の域に達していた。

移籍二年目の一九七九（昭和五十四）年、カープは優勝し、九勝五敗二十二セーブをあげた江夏が最優勝選手に選ばれた。

近鉄バファローズと争った日本シリーズは三勝三敗となり、大阪球場で行われた最終戦、広島が四－三と一点リードで迎えた九回裏、江夏が投じた「二十一球」はすでに伝説と化している。

セ・リーグ優勝を決めたのは、十月六日、広島市民球場での対阪神戦だった。九回表まで四－一と広島がリード。この回を抑えれば優勝だ。三点差。いつもの江夏なら楽々であるはずなのに、高校時代からいってもはじめて、マウンドで「震え」が来た。

力投する阪神時代の江夏投手

腕がちぢまり先頭バッターを四球で歩かせる。ショート高橋慶彦のエラーがあって無死一、三塁となったところで、阪神監督のドン・ブレーザーは代打に川藤を送った。

川藤が代打の一芸を磨いて一軍に定着するのは、

江夏が南海・広島でリリーフエースとなる時期と重なっている。

試合前、広島市民球場のグラウンドですれ違う。

「江夏さん、岡田（彰布）といういい若い者が入ってきたので、メシ食わしてやってくださいよ」

「よし、わかった。明日にしょうか」

二人の関係は、江夏がチームを去って以降もずっと続いていた。

川藤は長く、インコースに食い込んでくる球を苦手とした。打つ瞬間に左肘が上がって脇があく。脇を閉めようとすると右手がちぢむ。そんな癖が、少しずつ改善されていく。

それははっきり、小笠原との特訓の成果だった。小笠原の投げる内角球はナチュラルにシュートしてくる。それを自然に〝払う〟感じで振っていく。カワ、脇が締まっとるやないか——といわれたことがある。

川藤によれば、打てるというのは、百球に一本、九十九球に一本、九十八球に一本……という感覚で上達していくのだという。遠い階段を、二人の「野球の虫」がゆっくりと登っていったのである。

打席に向かいながら、嫌やなぁ……と川藤は思っていた。だが、勝負だ。代打は一打席に「明日のメシ」がかかっている。

――インコース寄りに真っ直ぐがすーっと入ってきた。バットは一閃、ボールはライナーとなって三塁手の頭を越え、レフト線上にころがっていく。二塁ベース上に立って、川藤はちらっとマウンド上の江夏の顔を見た。厳しい表情だった。

お前には打たれたっていい、あとを抑えるから見とれ――。白球に込めて、江夏からのメッセージを受け取ったように感じた。

事実、その後、一点差まで詰め寄られたが、江夏は後続を断ち切る。監督の古葉竹識《こばたけし》、ミスター赤ヘルの山本浩二に続き、生まれてはじめて胴上げされて宙に舞った。

その光景を、三塁側のベンチ奥から川藤はじっと見詰めていた。ベンチにはもうだれもいない。バスが出ます――。背後の通路からマネージャーの声がしたが、無視した。

バスなど関係あるか、出すなら出せ、この姿を見ずして帰れるか。目の前の光景を網膜に焼き付けんとするかのように、川藤はグラウンドを凝視していた。

――〝江夏からのメッセージ〟を、江夏は否定する。

「あの場面、そんな余裕はなかったですよ。なにせ震えが来ていたんですから。それに、あの年の段階でいえば、カワはまだ僕の球と会話できるバッターじゃなかった」

優勝を目前にしたゲーム終盤、ぎりぎりの場面を想起すれば、江夏の証言が当たっているように思える。けれども川藤は、その後もそう思い続けている。

仲田明美とアンドレア

残された時と移植の間にて
今日犠牲の明日などいらぬ

国立循環器病センター（大阪・吹田市）の心臓内科病棟七三六号室に、アメリカから一通の手紙が届いたのは、一九八四（昭和五十九）年四月末である。差出人はアンドレア松島。仲田明美にとって、まったく心当たりのない名前だった。

《明美様　はじめて書きます。今日、新聞テラビ（テレビ）は内（家）に来ました。きょ年、あなたの名まえしっていました。私のしゅじんは日本に（日本で）シャムウェイ先生にあいました。

私はスタンフォード（大学メディカルセンター）の肺・心移殖（移植）候補者に指定されました。九か月スタンフォードのへんに（近くで）提供者を待っています。私はアメリカ人です。三十三歳です。十一年前日本人と結婚しました。もう二かい日本に行きました。

あなたはお元気ですか。お待っては（待つのは）やさしくありませんですがお元気で。私は来ての前に（ここに来るまでに）、もう十五か月ニューヨークで待っていました。しんぱいしないです。

あなたのスタンフォードに来ての時にあいたいのです。その前に英語が（英語を）よくべんきょ（勉強）して下さい。手紙を下さい。質問があればなんでもして下さい。

今も（今まで）十八人に心市（心肺）移殖（移植）をしました。九人は友人です。あと十一人もここに待っています。毎月皆さんはミーティングをあります（をします）。皆さんはお友人になりました。

カリフォルニアに（カリフォルニアは）良いおてんきですから良くなります。ニューヨークの冬はとっても寒いですから私の心ぞ（臓）が弱くなります。

草く（早く）アメリカに来て下さい。手術で元気になるからまた日本に行きたいのです。良一のきよだい（兄弟）は姫路にいます。私は姫路城の前のさくらを見たいのです。お元気で。

そちらの皆様によろしく。　かしこ

松島アンドレア

昭和五十九年四月二十日

（原文のまま、括弧内著者補足）》

手紙は日本語で書かれていた。アメリカ人が日本人に便りを出すさい、日本語で書いてくる人は少なかろう。夫は日本人で、来日経験もあるということだが、毛筆で書いてくる人はさら

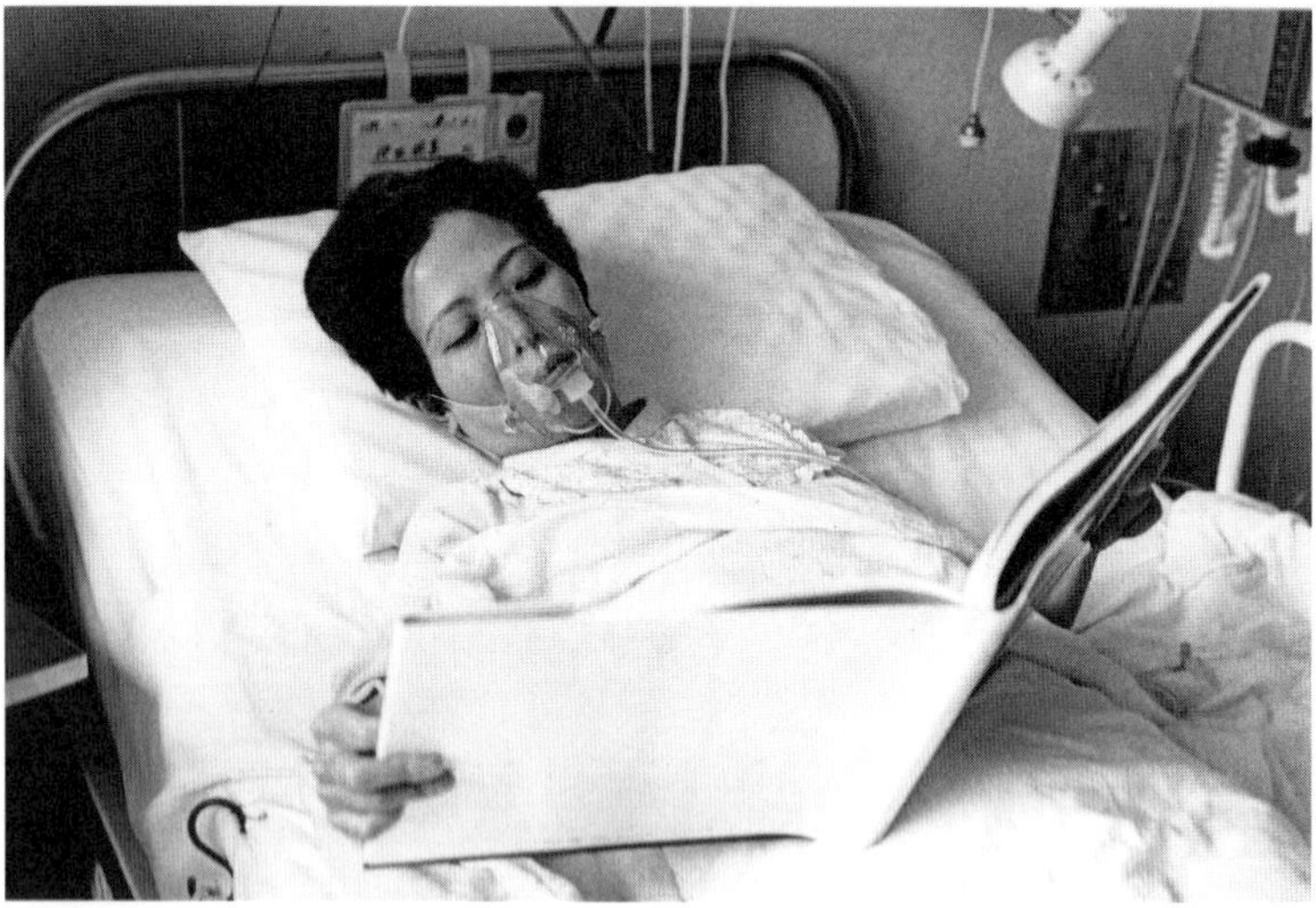

国立循環器病センターで移植の機を待っていた仲田明美

に稀《まれ》であろう。この一通の手紙だけで、アンドレア松島という女性の人となりが伝わってくるようである。

「テラビ」というのは、朝日放送（大阪）報道局第二報道部長の鈴木昭典のことで、長くドキュメンタリーを手がけてきた放送記者である。スタンフォード大学で心臓・心肺移植を手がけるノーマン・シャムウェイ教授を訪ねたさい、待機患者たちを紹介された。そのうちの一人がアンドレアで、会って仲田のことを話すとすぐに手紙を寄越してくれたのだった。

以降、翌年の一月まで、アンドレアから寄せられた仲田宛の手紙は計二十五通。「英文で書くことはあなたを疲れさせるのではないかと案じています」と、日本語での便りも多い。仲田がアンドレアに出せた手紙は数通だった。二人は同世代、同じ病を持ち、ともにスタンフォード大学での心肺移植を希望する待機患者である。同じ境遇にある者同士が励まし合っているといえばそれまでであるが、第三者が読んでも心動かされるものがあった。

「もう一度走ってみたい」

仲田明美は一九五五（昭和三十）年、香川・高松の四国電力の社宅で生まれている。幼稚園児のとき、心臓内腔の隔壁に穴が開く心房中隔欠損症《しんぼうちゅうかくけっそんしょう》と診断される。以降、調子のいい時期もあったが、病から解放されることはなかった。

病身ながら勉強家で、県立高松高から大阪外国語大フランス語学科に進む。入学時、大阪外大は大阪市天王寺区内にあり（三年時に箕面《みのお》市に移転）、平坦なこの地なら下宿生活も可能だろうと母親の幸子は思ったという。

やがて病はアイゼンメンジャー症候群（肺高血圧症）へと進行し、根治療法としては心肺移植しかないと診断されるが、当時、国内の移植医療は閉ざされており、夢物語でしかなかった。

卒業後、郷里の愛媛大学病院を通院先としていたが、若い担当医、茎田《くきた》仁志《ひとし》より、米スタンフォード大のチームが心肺移植の臨床で成功例を得たという医学雑誌を見せられる。問い合わせの手紙を出すことはできますよといわれたが、このさい仲田は断っている。茎田はこういった。

「すると僕の考えでは、一たす一は一で、仲田さんの考えでは一たす一はゼロということになりますね」

その意味するところを了解するにはしばしの時間を要した。

仲田は「とりあえず」ということが嫌いだった。医学書を読み、納得を得た上で、可能性ある道に踏み出している。思い至ったのは、自身は脳死をもって死の判定としてもらいたいこと、そのさいはすべての臓器を提供したいこと、最後まで生きる努力をしてその意思表示をすることは正しいことだ——というものだった。

後日、なぜ移植治療を受けようと決意したのかという新聞社からの問い合わせには、「もう一度走ってみたかったから」と、短く答えている。


スタンフォード大へ問い合わせのレターを出すと、受け入れを承諾するという返事が来た。移植チームのヘッド、ノーマン・シャムウェイ教授が来日したさい、彼女との面談が実現し、改めて受け入れを承諾している。渡米するさいに都合のいいよう、循環器病センターを入院先とする。私が病室に彼女を訪ねるようになったのはこの時期からである。

承諾はしてくれたものの、問題は山積していた。アメリカにおいても臓器提供者《ドナー》の数は不足しており、とりわけ心肺移植はそうである。胸郭の小さな日本人女性とサイズが合う提供者は、小柄な女性か子供ということになる。

この時期、仲田は病室でも酸素マスクを着用しているときが多かった。人と会話することも制限されていたが、彼女は話好きだった。あとでしんどくなるからといって、いま話すことを我慢するのは嫌——と口にしたりもした。

大学ノート三冊につけてきた「日記」を預かったりもした。日記からうかがえるのは、痛々しいまでに自身の生き方を真摯に模索する心ばえの良さというものである。これで原稿も書ける……。浅はかだった。日記を預かるという怖ろしさを私は知らなかったのである。

病室で、ベッドに縛り付けられて過ごす日々。退屈でしょうと、口にしたことがあったが、こんな答えが返ってきた。

「そうでもないんですね。今日は窓から見える空の雲の動きをじっと見ていました。動いていないようでも、雲はすこしずつ形を変えながら動いている。ああ雲も生きているんだなぁって思う。こんな風になっても、結局、一日一日をきちんと生きるということしかないんですね。……後藤さん、空を見上げるときってあります？」

その日、病院を出たのは夜で、最寄り駅まで空を見上げつつ歩いた。今日、どちらがよく生きたのか……。そう思ったことを記憶する。

『日記』にも「空のうつろい」を記している箇所がある。

《わたしは一日中空を見ていたことがあった。安静度一度と二度の間ということで、五十日間の入院のうち、二日か三日は空だけを見て過ごすという、わたしにとって稀有な暮らしをせざるを得なかったのだ。……空はきれいだった。一日中眺めていて飽きなかった。瞬間、瞬間変化していく空。その色。夕方のモーブ色。宵の口の群青色。そして漆黒になると、七階の東北に向いた間の広い窓はそのまま鏡になる。私はどうして空はこんなにきれいなものだということさえ知らずに、フランス文学を研究したりしようと考えたのだろうか。わたしは嘘をついている。ほんとうにフランス文学をやりたいのではない。一日中見ていた空が、わたしにそういう電波を送った》

仲田明美にとって、か細い朗報を待つということが続いていた日、同じ待機患者からの思いも寄らぬ便りが届いたのである。

アンドレアからの手紙

松島良一が横浜からナホトカに渡り、シベリア鉄道を経由してヨーロッパに向かったのは一九七〇（昭和四十五）年である。大学を卒業後、商社での勤務を経て、貿易商になりたいと思って踏み出した第一歩だった。

一年後、ニューヨークに近いバッファローでステーキハウスのマネージャーとなる。その店に、カクテル・ウェートレスとして入ってきたのがアンドレアだった。

アンドレアからの手紙（英文）によれば、彼女は大学で言語学を専攻、スペイン語や日本語を学び、外国の子供たちに英語を教えた時期もあったとか。ステーキハウスへの入店は学費を稼ぐためのアルバイトであったようである。

店で「アンディ」と呼ばれた娘は身体の疾患をもっていたが、明るい性格で、他人には驚くほど親切だった。一緒に働きながら、「いい娘《こ》やな」と思うことが松島にはよくあった。やがて二人は結婚し、新婚旅行で訪れたのが良一の故郷、姫路だった。

ともに暮らした日々、松島が何度も驚かされたのは、アンドレアのちょっと並外れた天真爛漫さだった。「リョーイチ、日本のエンペラーの住所を教えてくれない」と言い出したりする。いったいどうして？　と問い返すと、自分は日本人のいい人に巡り合って幸せに暮らしている。感謝の気持をエンペラーに伝えたいというのだった。

松島は返事に詰まった。天皇の住所といっても〝東京都千代田区・皇居内〟で届くのか、また天皇は外国の一市民からの手紙を読むのかどうか……。日本の天皇の特殊な位置について話すと、アンドレアはこう答えたものだった。

「じゃあ、エンペラーはこれまでだれからの手紙も受け取ったことがないの？　なんてかわいそうな人なんでしょう」

仲田の体力は低下し、アンドレアへの便りがなかなか書けなかった。お詫びかたがた、母の

スタンフォード大学での心肺移植を希望する待機患者だったアンドレア松島

幸子に電話をしてもらったりもしたのだが、幸子宛ての手紙も来ている。

《明美さんのお母様

よろかんで電話を下さいました（電話を下さってよろこんでいます）。どうもありがとうございました。お元気ですか。お母さんは忙しいでしょうねえ。あなたもお元気で。

明美さんはしんぺいしないですよ（心配しなくていいですよ）。私は手紙をいりませんです。……

日本にも明るく美しいな秋がありましょうです。カリフォルニアに（は）そうありませんです。またニューヨークに返り（帰り）たいんです。手術で元気になるからまた日本に行きたいのです。良一は姫路市から来ました。姫路城はとても美しいです。あなた達にあいたいのです。お寺（待）って下さい。そちらの皆様によろしく。

かしこ　アンドレア》

幸子はアンドレアの手紙を読むと、そのたびについ微笑してしまう。妙な日本語と相まって、書き手のやさしい心根が伝わってくるからであった。

最初の手紙からいえば一年近くたっていた。この頃アンドレアからの手紙がこないね——と、幸子は何度も娘から訊かれた。そのわけを母親は知ってはいたが、それをいえば娘はどんなに悲しがるだろうと思って、言いそびれていたのである。

アンドレア松島の、最後の手紙（英文）は、便箋半分ほどの短いものだった。

《とても調子が悪く、しばらく手紙が書けなくてごめんなさい。心臓の拍動が一分間に七十回を下回ったときも、ペースメーカーがうまく動かなかったのです。今夜は大丈夫。病院がよく動くペースメーカーを持っていますから。

今夜、ジェミイソン先生が私を呼び、ドナーが出そうだといいました。それで病院に向かうところです。あなたがきっと詳しいことを知りたいと思うので、これを書いています。

翌朝七時半までに、ドナーの肺が傷み、手術が取り消される可能性があります。手術を受けられる可能性は五分五分です、どちらにしてもそれを受け止めるよう覚悟をしています。

一九八五年一月五日》

ジェミイソンはシャムウェイ配下のスタッフで、心肺移植を担当していた外科医である。

この日の夕、病院よりアンドレアに連絡が入った。良一は早く寝ることをすすめたのだが、「今夜が最後の夜になるかもしれない。もう少しお話ししましょう」という。結局、二人は明け方近くまで起きていたのだが、アンドレアは寝る前になって、大事なことを忘れるところだったといって、大急ぎで二通の手紙を書いた。一通が、ドナーとなった家族への感謝の手紙、もう一通が「私の日本の妹」と呼んでいた仲田明美への手紙だった。

移植手術は早朝よりはじまったが、難手術となった。ようやく、夜遅くなって控室に現れたジェミイソンは、「一応、埋め込んだけれども出血との戦いが続いている……」といって、松島をＩＣＵに導いた。

これ以前、松島はアンドレアとある約束をしていた。「アンドレア、聞こえるかい？」と声をかけて手を握るのである。きっと声など出せないだろう。でも声が聞こえたら手を握り返すというのが約束だった。松島は幾度も発声して手を握ったけれども、ついに握り返されることはなかった。

一日一日をどう耐えて生きるか

私は仲田を病室に訪ねるさいには、少しでも負担が軽くなればと思って、あらかじめ質問事項を手紙で書いて出しておいた。そのなかに「私の生き方」もあった。

「こう生きるとか、そんな立派なものはないんですね。とにかく、一日一日をどう耐えて生きるかということしかない。そんな状況下ではあっても、生きているっていいなぁと思うときがある。アンドレアの手紙を読んでいて、ああ彼女もそうなんだと思う。とてもよく通じ合えるのですね。その意味で、アンドレアの手紙は、彼女が亡くなってからも私を支えてくれたように思います」

アンドレアからの手紙（九通目、英文）に、こんな一節が記されている。仲田のいう「通じ合える」部分であろう。

《……もし私が健康な人にひとつだけアドバイスできるものがあるとすれば、未来ではなく今日の命を愛しなさいということです。今日、家族を愛しているといってごらん。今日、入れての香《かぐわ》しい紅茶を味わってごらん、今日、笑ってごらん、今日、人に何か親切なことをしてごらん。もちろん、私も明日がほしい。けれども、今日の素晴らしさを犠牲にした上での明日はほしくないのです》

結果としていえば、仲田はアンドレアより三年、長く生きた。さまざまに努力はされたが、渡米する機会はついに訪れず、愛大病院で亡くなっている。

もの書きの分際を超えるかもと思いつつ、渡米の可能性を確認したく思ってスタンフォード大のシャムウェイを訪ねた日もある。シャムウェイはあからさまにはいわなかったが、臓器受容者《レシピエント》としては病状が進み過ぎているという意味のことを口にした。帰国後、それは彼女には伝えられない事柄だった（シャムウェイその人については後の章で触れたいと思う）。

渡米の報告も兼ねて仲田を愛大病院に訪れた際、別れ際、唐突に「日記、どうでした？」と訊かれた。三十二歳の女性に言うべき言葉としては適当ではなかろうが、「なんというか、とってもいい娘《こ》だと思いましたよ」と私は答えた。それが、いまも彼女の人物像として残り続けている。

見えざる姉の遺志

仲田明美の没後数年たって、講演ということで愛媛・松山に出向いた日がある。講演後、ご両親と夕食をともにし、さまざまに思い出を語り合う一夜となった。明美さんの五歳下の弟、篤敏《あつとし》氏の手配によるものだった。

氏は東京都立大学法学部を卒業後、愛媛県庁に勤務されていると耳にしていたが、県腎移植センターのコーディネーターをつとめておられたことを知った。それまでドナーがほとんど出なかった県内で、一九九〇年代、年間一例、四例、六例、十例、八例……と腎臓移植の臨床例を増やしていった。

腎臓は心臓・肝臓に比較して、ドナーからの摘出にさいして相対的に時間的余裕があり、この時期、ドナーからの臓器摘出はすべて脳死下ではなく心停止後のものである。

とはいっても、救急病院などドナー提供病院との関係づくりなど、一例一例の臨床例の背後にはコーディネーターの多大な労力が潜んでいる。その努力に敬意を覚えたものである。また日本移植コーディネーター協議会の一員として、臓器移植法の制定およびその改定にもかかわってきた。

そこに、見えざる姉の遺志を感じてもいいであろうか。そう尋ねると、いや、これは私自身の仕事としてやってきたものです、姉もそうであることを望んでいたでしょう——と答えた。そう、一人ひとりの自立した生き方と選択が彼女の考え方だった。

——久々、篤敏氏に電話をした。保健所の健康増進課長として、コロナ対策の最前線で奮闘したのち定年退職を迎え、関連会社にお勤めとのことだった。私も随分とお世話になった父・定雄さん、母・幸子さんも彼岸に去っておられた。

時はめぐる。諸外国と比べていえば、国内の心・心肺・肝・腎……移植の症例数は数少ないが、成績はトップクラス。臓器移植の臨床それ自体は、もはやニュースでもなんでもないという時代を迎えている。結果として、私はこの分野の比較的長いウオッチャーであり続けた。当初は医科学への興味であったが、さまざまな人々と出会うなかで、自然とそうなってしまった。出会いのなかには、仲田さんとアンドレアの「手紙」や「日記」や病床で耳にした言葉がある。よき言葉、おそるべし、である。

エディ・タウンゼントと井岡弘樹

最期まで挑み続けた名伯楽
死の淵まで初防衛戦を見守る

喫茶店で、何の気なしにスポーツ新聞を広げていた。十八歳、史上最年少の世界チャンピオンを目指して井岡弘樹が和歌山・白浜でキャンプ入り。老トレーナーも最後の挑戦——。そんな見出しの記事だった。一九八七（昭和六十二）年夏である。

ボクシングにさほど関心があったわけではない。それまで生の試合を見たことも一度もなかった。ただ、これ以前、雑誌の仕事か何かで、井岡に一度、老トレーナー、エディ・タウンゼントにも一度、インタビューをしていた。その折、少年にも老人にも軽い好意を抱いたのは確かだった。キャンプ地を覗いてみようか……。

——このときからいえば数か月後、少年は手にした栄冠の防衛を果たし、その渦中で老人は死んだ。起きたことをひと言でいえば、それだけのことである。けれども、私の見たものは何かもっと別のものであったように思えてならないのである。

エディ・タウンゼントの遺影が見守るなか、練習に励む井岡弘樹

少年と老人、加えて、グリーンツダジムの会長、津田博明の織り成す日々は、飽きっぽい私を、一度も、少しも倦《う》ませなかったことは確かだった。いつの間にか、あるほてりのようなものを覚えながら、この世界に通いはじめていたのである。

グリーンツダジムの所在地は大阪市西成区天下茶屋《てんがちゃや》。くすんだ商店街と文化住宅が建て込む下町の一角にある。

津田は長崎・五島列島の出身。高校を中退して大阪に出る。しばらく「相当ヤンチャをやっておりました」とのことであるが、ボクシングに入れ込み、ジムのトレーナーを経て、自前のジムを開いた。最初のジムは別の場所にあって、文化住宅の一室を改造したものだった。

華奢《きゃしゃ》で小柄な、可愛い顔立ちの少年がジ

ムにやって来た。堺市の中学一年生で、井岡弘樹と名乗った。入門申請書には、志望としてレジャー、アマ、プロの欄が設けてあるのだが、プロにマルをつけていた。

じゃあ、ちょっと構えてみて――と、津田は促した。

トレーナー業が長かった津田は、数多くのボクサーを見てきた。ひと目見てだいたいのところはわかる。津田は思わずハッとした。

リングに入り、少年にグラブをつけさせ、ミットを構えた。少年の繰り出すパンチよりも、眼の動きだけを追っていた。顔の前にミットをなでるように突き出すと、素人は思わず眼を閉じてしまうものだが、少年は瞬《まばた》きひとつしなかった。肩の動きがなんともいえず柔らかく、軽やかだった。

「入会金は一万円だけど別にいいわ。月謝は八千円だけど二千円でいいからな」

津田の方が懇願するような口調でいっていた。

井岡が入門して二年目の夏、ふいに姿を見せなくなった。練習生にはよくあることだが、井岡については何か事情があるのだろうと津田は見当をつけていた。

この夏、井岡の一家に困難な問題が起きていた。父親が請負仕事をしてきた発注元が倒産したことに加え、母親が他人の保証人になったことでかなりの借財を背負った。自宅に債権者が押しかけてくるようになり、母は井岡を連れて宮崎の実家に身を寄せた。

親戚の家で暮らした日々、胸に応えることが少なくなかったようである。母から見て、弘樹は辛抱強い子だった。目に一杯涙を溜めても決して泣かなかった。そんな子が一度だけ、泣きながらいった。

「お母ちゃん、大阪に帰ろう、帰りたいねん」

カネさえあれば、少年はよく思った。カネというものが親をあれほど苦しめている。大阪に帰ればボクシングを続けることができる。そして、ボクシングこそは、自分の力でカネを稼げる可能性をもった唯一のものだった。

家の周りを歩いていると、体の内からにじみ出るようなリズムが甦り、いつしかシャドー・ボクシングをしている。チャンピオンになって以降を含め、もっともボクシングに熱い思いを抱いたのはこの時期だったかもしれないと、いったことがある。

プロボクシングの世界で名を成すものはごく稀《まれ》である。パンチ力、スピード、反射神経、スタミナ……すべて必要だ。いわゆる「根性」と呼ばれるものも入るだろう。プラスして、彼だけがもつ何かが必要であるように思える。十五歳の夏は、少年にそれを付与する役割を果たしたといえるのかもしれない。

「ボーイ、一緒に帰ろう」

大阪に帰ると、少年はまたジムに通いはじめた。津田はくどくど事情を訊き出すことはせず、「もう月謝はいいからな」といった。

井岡一家は府下の門真《かどま》市内にアパートを確保した。井岡は中学を卒業するとすぐジム二階にある合宿所に移るから、門真から通ったのはわずかな期間であるが、このことが老人との関係を深めるものとなった。

エディは一九一四（大正三）年、ハワイ・ホノルルで、イギリス系アメリカ人の父と日本人女性との間に生まれている。ハワイ・フェザー級のランキングボクサーとなり、十四戦目を闘った翌日が、日本海軍の機動部隊が真珠湾《パールハーバー》を奇襲した日と重なっている。

戦後、力道山に請われて来日する。ナイトクラブで起きたいざこざがもとで、力道山が暴力団員に刺殺されて以降、エディはフリーランスのトレーナーとなった。藤猛《ふじたけし》、海老原博幸、柴田国明、ガッツ石松、友利正《ともりただし》という五人の世界チャンピオンを育てている。有望なボクサーが現れると、ジムの会長はエディに一時的なトレーナーを依頼する。いつしかエディは、〝ジプシー・トレーナー〟と呼ばれるようになっていた。

トレーナー出身の津田は、力量、人柄を含め、エディを高く評価していた。

グリーンツダジムから生まれたプロ一号選手は、現役引退後、タレントとなった赤井英和である。連勝街道を走った赤井は、〝浪速のロッキー〟として人気ボクサーになっていく。津田は売り出し上手で、かつ後援者に恵まれ、興行力のある会長となっていく。

赤井は世界戦のリングに立つがKO負けする。再起を図るにはエディの力を借りるしかないと思った津田は、好条件で大阪に呼び寄せる。エディは赤井の専属トレーナーではあったが、将来の有望選手、井岡を指導する日もあった。

エディは大阪ミナミのターミナル、難波《なんば》にあるホテルを定宿とした。天下茶屋から南海電車で難波に出る。門真に帰る井岡も難波までは同じだ。

「ボーイ、一緒に帰ろう」と、よく誘った。一人で夕食を取るのが嫌だったのだろう、トンカツ屋などに誘う日もあった。

六十九歳の老人と、十五歳の少年が生きてきた時代は大きく離れている。けれども二人はウマが合った。

「エディさん、いままででだれが一番強かったですか?」

「そうね、バニー・ロースかな、ジョニー・ガンザールも強かったね。結局、チャンピオンにはなれなかったけどね。ガンザール? うん、三十年前の話よ」

エディの昔話はよくわからないことが多かったが、少年は老人の話を聞くのが好きだった。

いつか、別れ際に老人は、「ボーイ、これでおいしいものでも食べてよ」といって五千円札を手渡そうとした。が、少年は受け取らなかった。なんとなく悪いように思ったのである。

エディとジムの契約はとりあえず一年間で、いったん東京へ帰ることになった。中華料理店で開かれた送別会、みんなが箸《はし》をつけはじめても井岡はじっとうつむいていた。側に来たエディは小声で、いった。

「泣いちゃダメ。またすぐ帰ってくるよ」

ボクサーへの「ラブ」

エディの自宅は、東京・中野区本町、「鍋屋横丁」という名が残る下町にある。自宅一階は「21《ドンピン》」という名のスナックになっていて、夫人の百合子が切り盛りしてきた。下町人らしい、すかっとした気性の女性である。往時、ホノルルのナイトクラブでショウ・ダンサーとして出演したさい、エディと知り合い、所帯をもった。

赤井は復帰戦で敗れ、頭部損傷を負って引退する。百合子は、夫の、あんなにも落ち込んだ日々を見るのははじめてだった。勝敗の結果に対してではない。幸い回復できたのであるが、愛弟子が頭部に損傷を負ったことに対して、である。

井岡は十七歳となり、プロデビューし、試合を重ねていく。毎試合、エディがセコンドについた。

エディの指導は、理詰めで合理的だった。

いまも竹刀などを置いているジムがあるが、エディは「桃太郎の時代ではないよ」といって、昔風の指導を嫌った。

エディさんがいるだけで勝てそうな気がする——。多くのボクサーがそういった。コーチ術にプラスする何かをもったトレーナーだった。エディによれば、自身は「タオルを投げるのがはやいセコンド」だった。

「お客さん、一万円も二万円も払ってる。もっともっと殺し合いを見たいの。でもボク、人間よ。ボクサー、人間よ。引退したとき、奥さんにちゃんとした体で返さないといけないの。わかります？」

カリスマ性は、ボクサーという存在に対する「ラブ」に由来していたように思える。

エディという名伯楽を得て、井岡は勝ち続けた。大阪に戻ったエディは、ホテル住まいをやめ、ジム二階にある井岡の部屋を自身の棲家《すみか》とした。

練習が済むと、井岡が「エディさん、アイスクリーム、食べに行きましょう」と、誘っているような光景をよく目撃した。それは、孫にせがまれて買い物に、という姿と似ていなくもなかった。

エディの身体に異変が起きる。大腸に進行性の腫瘍があることが判明、東京の病院で手術を受ける。「見えるところはきれいに取りましたが……」というのが、執刀医が百合子に残した言葉だった。

「ボクね、ハラ黒くないよ。オナカ切らないといけない人、他にいるね」

エディの陽気な振る舞いは以前と同じであったが、姿を見るたびに、痩《や》せたなぁと井岡は思った。不吉な予感がかすめることがあったが、そのたびに打ち消した。エディを失うことはもう考えられない、考えたくもないことだった。

WBC（世界ボクシング評議会）内に、ジュニア・フライ級より軽いストロー級が新設され、ランキング一位の井岡と二位のマイ・トンプリフラム（タイ）の一戦が王座決定戦として組まれた。

手術後一年、また痩せたように見えるエディではあったが、ジムの練習では、精気あふれる表情でミットを受けた。決定戦は一九八七年十月、東大阪市内の近大記念体育館。井岡は判定で勝利し、王座に就く。

津田はエディにすべてを任せていた。幾度か、こういったものだ。

「具志堅用高《ぐしけんようこう》クラスの強いチャンピオンはいずれまた現れる。だけど、エディさんほどのトレーナーは二度と出ないと思うんですよ」

エディの病状を津田が百合子から耳にしたのは王座決定戦の少し前である。「再発して……

選手の現在だけでなく、明日をも重んじる姿勢で知られたエディ・タウンゼント

今度が最後のお手伝いになるかもしれません……」。辛い知らせであった。

試合が済んで、井岡は津田からはじめて病状を知らされた。回復不可能なガン――。津田はそういった。

エディが亡くなっていく夢を見るようになった。それはこれまで味わったどんな哀しみとも違う、名状しがたい哀しみだった。

エディはもうミットを持てなくなっていた。世界チャンピオンには専属トレーナーが必要である。その心当たりも津田にはあった。井岡に話をもちかけると、いつもこんな返事が返ってくるのだった。

「いや、いいんです。エディさんに習ったことは全部覚えていますから」

防衛戦は翌一九八八年一月三十一日、大阪城ホール。相手は李敬淵(韓国)と決まる。

東京の自宅で静養をしていたエディだが、正月を越すと駄々をこねはじめた。

「百合ちゃん、行こうよ」

「行くって、どこに行くのよ」

「とぼけないの、大阪よ」

百合子は、いったんははねのけた。医師の判断もそうであったし、行ったところで迷惑をかけるだけだ。が、夫は諦めない。ほとほと困った百合子は津田に電話をした。

「どうぞ連れて来てくださいよ。まあグラブの匂いのするところが気も休まるでしょう」

津田はなぜか笑いを含んだ声でいった。夫と津田の間に何があったのか……。落ち着いたときにまた考えてみようと百合子は思った。

店に「当分休業」の貼り紙を出し、ワゴン車に簡易ベッドを設営して東京を出た。

酸素マスクの下でうなずいた

井岡と暮らした、ジム二階の部屋がそのままエディの病床となった。もう歩くこともかなわない。リングサイドで、車椅子から井岡のスパーリングの模様をじっと見詰めていた。
試合当日——。リングサイド近く、車椅子から試合を見る算段がされていた。が、会場に着いてから、付き添っていた医師がエディの瞳孔が開いているのに気付く。救急車が呼ばれ、運ばれて行った。リングに向かう直前のことで、事態を井岡は把握していない。リングに上がったところで津田に訊いている。

「エディさんは？」

「うん、大丈夫だ。どこかで見ている。エディさんのためにもがんばれ！」

好試合だった。長身で細身の井岡。小柄でがっちりした体躯の李。アウトボクシングの井岡、ファイターの李。李は前へ前へと突っ込んでくる。井岡が切れのあるカウンターを返す。異質のスタイルがよく嚙み合っていた。

最終十二ラウンドまでほぼ互角。リング中央でもつれ合い、離れたときだった。井岡の右ストレート、返しの左フック、さらに右ストレートが李の顔面につるべ打ちにヒットした。突くのではなく切るように打て、とエディが繰り返し教え込んできたストレートだった。李はぐらりとよろめいて背を向けた。井岡の連打が続く。李はたまらず崩れ落ちた。

その瞬間、井岡は右拳を突き上げ、大きくジャンプした。絶対に勝つ、死んでも勝つんだ、と思っていた。最終回のラッシュは相手を殺すつもりで打っていた。

毎ラウンド、コーナーに戻るたびに観客席を探していた。そこにいない人に向けて、視線を走らせていたのだ。自分のために命を賭けてくれた人、エディ――。もう突き上げてくるものをこらえることができなかった。十九歳になったばかりの若者は、リングの上でとめどもなく涙を流していた。

その頃、ジムに近い田中外科病院の一室で、七十三歳の老人は死の淵をさまよっていた。酸素吸入と昇圧剤の点滴を受けることによって、とぎれとぎれに意識が戻っていた。病室に若者が現れたのは夕刻である。

「エディさん、がんばりましたよ。勝ちましたよ」

点滴の針を差し込まれた老人の手をさすりながら、二度、三度と話しかける。酸素マスクの下で、老人はわずかに首を振った。通じたんだ、だからうなずいたんだ——。そのことだけを執拗に思いながら若者は病室を後にした。老人が息を引き取ったのは数時間後、翌日の午前一時過ぎである。

後になって、不思議なこともあるものだと百合子は思った。なぜこの日だったのだろう。井岡の勝利を見届けるまでは死ねないという思いが、この世との訣《わか》れの日まで動かしたのだろうか……。

冗談めかしつつ、百合子タウンゼントはこんな風に語ったものだ。

「あの二人（井岡と津田）とうちのオヤジとの間には何かがあるのよ。女の入り込めない何かがあるの。顔を合わせては、ニコッとしているんだからね、もうどうしようもないよ。大阪に来てから、オヤジの好物を柔らかくしてつくっても、ほとんど口にしない。それなのに、井岡がスッポンの血がいいからと持ってくると、おいしそうに飲んでいる。三十年一緒に暮らしたけれどもスッポンの血が好きだなんて耳にしたことがないいんだよね。悔しいったらありゃしない……」

老人と少年の間に、また津田の間に何があったのだろう。折に触れて、私も考えるようになっていた。井岡は私に、エディさんという人が好きなんです、といったことがある。そうなのだ。別段、複雑なことは何もない。老人は少年を、少年は老人を、単に好きだったに違いないと――。

その後も、私はこのジムに通い続けた。

所属するボクサーたちと、自然と顔見知りとなり、会話を重ね、試合を見届けていく。日本チャンピオンになったボクサー、新人王戦の決勝まで勝ち進んだボクサー、「咬《か》ませ犬」と呼ばれたボクサー、ボクシングに深い想いを残しつつリングから去っていったボクサー、はじめてリングに上ったヤンチャ少年……たちの日々を綴った『遠いリング』というノンフィクションを書いた。「エディと井岡弘樹」もその一章である。

さらに季節はめぐり、歳月は過ぎ去っていったが、このジムに通い詰めた日々は脳裏に鮮明だ。彼らから、ぎっしりと詰まった、〈青春の日々〉を受け取ったという感触はいまも残っている。思い出に足る、いくつかの〈物語〉をプレゼントしてもらった。そのことだけでもう、十分というものだろう。

吉本隆明と川上春雄

会津の古武士を想起させる思想家を支えた編集者の情熱

その商店街は、「谷中銀座《やなか》」と呼ばれている。商店街の東側を出るとＪＲ日暮里《にっぽり》駅へ、西側を出ると千代田線の千駄木《せんだぎ》駅へと通じている。ごくありふれた商店街で、両側を合わせて七十店舗余。「ウラタ」は理容店で、浦田きよ子の少女時代、床屋と呼ばれた戦前に開業している。顧客の多くは顔なじみだ。

その客はもう四十年来の客である。椅子に座ると、「いつものように」といって目を閉じる。目は開いているようで閉じているような、よくわからない。髪型はずっと刈り上げで変わらず。済むと、いまどきそういう客は少なくなったが、理容師に心づけを手渡し、「どうも……」と、意味不明の言葉を発して店を出ていく。

浦田は、客を通りで見かけることもあった。自転車に乗って、前カゴからネギやダイコンの葉っぱが見えて、買い物の帰り道だとわかる。

この人は何をしている人なんだろう……と思うことがあった。界隈、飾り職人や金属加工に携わる職人が多い。男に職人の風情がなくはないが、指先はきれいだ。この人はアタマを使う人だ……と思いつつ、見当がつかない。

ふいに、積年の謎が解けた日があった。

「お母さん、この人、うちのお客さんよ」

娘が「毎日新聞」の文化欄に載っている男の写真と寄稿文を指していった。評論家・吉本隆明、とあった。

往時、若者層の多くに読み込まれた詩人にして文芸評論家にして思想家である。読者それぞれに吉本隆明像があろう。思想全域について論じるのは私の手にある。

若き日、私は主に詩集および文芸評論の淡いファンであった。作品からは固有の情感が伝播してくる。その源にあるものは何か――というあたりを確認できればよしとするか、という心づもりで自宅を訪れた。一九九九年秋のこと。

「谷中銀座」からいえば西へ自転車で十数分、文京区本駒込《ほんこまごめ》の地である。二階の和室で向かい合う。世評、この思想家に付着してあるイメージは、論敵を容赦なき筆法で論破する強面《こわもて》の人というものであるが、ひどく印象の異なる人であった。

胡坐《あぐら》をかいて座り、和机に肘を置く。こちらの問いには全身で耳を傾ける。頭髪をいじり、ときにかきむしって考え込む。終始、伏し目がちで、とつとつと、またややせき込むように話す。べらんめぇ口調も交じって、ユーモラスでもあった。

問答が一段落したさい、訊ねた。床屋では髪型に注文をつけるのですか、と。

「いやぁ、まあなんですねぇ、訊かれりゃいつも通りにというだけですが……。パーマやってくれといったことはないです。やってくれといったって、野郎、満足に髪なんてねぇじゃねぇかとなるんでしょうが……。まあ、黙って座っているだけですが」

家には猫がいる。二階に駆け上がってきて、いつの間にか主人の膝上で寝入っているものもいた。「内猫」が五匹。「外猫」がおよそ十四。外猫は、隣接する吉祥寺《きちじょうじ》に住み着いていて、餌《えさ》だけ求めて出入りしてくる野良猫たちだ。

「まあ来るものはしょうがないわけでしてねぇ……」

どこかさばけた、大工の老棟梁と世間話をしているがごとき趣《おもむき》があった。

下町への偏愛

初訪問の折、たっぷりとした返事があったのは、墨田川の河口に位置する旧い埋立地、佃島《つくだじま》から月島《つきしま》にかけての思い出だった。吉本の〈故郷〉にかかわる地であるからだろう。

吉本は一九二四（大正十三）年、現在の地名でいえば、中央区月島四丁目で生まれている。

この年、熊本・天草で小さな木工造船業を営んでいた祖父・権次と父・順太郎は第一次世界大戦後の不況で行き詰まり、「夜逃げ同然で」東京へ出てきた。吉本は母・エミのお腹の中にいた。

記憶に残る最初の家は、佃島の三軒長屋。父は雇われ大工などをしつつ生計を維持したが、吉本の小学生時代には、ボートや釣り舟をつくり、貸ボート屋を営んだ時期もあった。墨田川にはポンポン船が上下していた。

詩人にして文芸評論家にして思想家であった吉本隆明

少年期、いつも海が身近にあった。後年、夏の盛りになると一家で海水浴に行くのが吉本家の行事となるのは、少年期の習性の名残である。

もうひとつの〈故郷〉は、戦後ずっと暮らしてきた地域、北・文京・台東・荒川区にまたがる半径三キロほどの地である。住む家はしばしば替わったが、この界隈を出ることはなかった。吉本が理容店ウラタの四十年来の客であり続けたのは、転居はしても馴染みの店は変えなかったからである。米屋、酒屋、クリーニング屋などもしかりだ。

吉本の著作は、大手出版社からのものもあるが、あまり耳にすることのない小さな出版社のものが多い。出版社は変わっても担当編集者は変わらない。会社ではなく、人とともに本も移動する。理容店と同じく、いったん信じて交わればとことん付き合う。ここにもその流儀が垣間見えるのである。

「下町というのは、佃島や月島がそうですが、町内の佃煮《つくだに》屋の娘が出戻って帰ってるぜとか、なんでも耳に入ってくる。うるせぇな、たまんねぇなと思いつつ、なんだか離れる気はしない。これはもう身体に沁み込んだもんなんでしょうね」

下町への偏愛は吉本の生き方のみならず、その思想の形成にもつながっている。吉本思想の核心のひとつに〈大衆の原像〉がある。それは生身の大衆そのものとは位相が違うが、その理念が東京の二つのエリアに棲む大衆像に由来するところはあろう。

太平洋戦争がはじまった翌年、吉本は東京府立化学工業学校を卒業、米沢高等工業学校（現・山形大学工学部）に入学している。自身が選んだ道ではない。ツブシの利く工業学校に行け——という父・順太郎の考えに従ったものである。父の姿をこんな風に追想した。

「父親を生活者としていえば失敗者だろうなと思いますね。多少ともゼニがあった時期なんてわずかでしょう。ここんとこでもうひと踏ん張りして我慢すりゃいいのにという我慢ができない。一方で、人間的な信頼感はあった。食い物に不自由した時期もあったわけですが、自分が我慢して子供に食わそうとする。少しも感じさせないでそうする。そういう父親ではありましたね」

世の成功者となるわけではないが、人としての根っこに揺るぎなきものをもっている。かつて、日本社会に広く存在したであろうごく普通の父親像。それもまた〈大衆の原像〉のコアを形成している。

正確無比の仕事ぶり

著作数は二百冊を超えている。もっとも愛着ある本はなんですかという問いには、二冊をあげた。長編詩「固有時との対話」「転位のための十篇」などを収録した『吉本隆明詩集』(思潮社、一九六三年)および『初期ノート(増補版)』(試行出版部、一九七〇年)である。

『初期ノート』でかなりのページを占めているのは宮沢賢治論であるが、前半部の「覚書Ⅰ」「箴言《しんげん》Ⅰ」「箴言Ⅱ」では、凝縮された思考のフラグメントともいうべき短文が並んでいる。

《思想は経験に勝つことはない。経験しただけが思想になるのだから》

《人は語り得る部分よりも沈黙のうちに守つてゐる部分を遥かに多く蔵つてゐる》

《人間は自らに出会つたとき同時に時間といふものの構造に出会ふ》
《精神は湿気を忌む》
《死はこれを精神と肉体とにわけることは出来ない。それは自覚の普遍的な終局であるのだから。僕がそれに何かを加へることが出来るとするならば、すべてのひとにとってそれが無であるとき、僕にとつてそれが自然であると考へられるといふことだけだらう》……

書き手は初期の作品において多くを開示するが、吉本の場合もそうである。ここに、後年の吉本思想の骨格を見ることができる。一方で、「エリアンの手記と詩」など、思春期特有のナイーブな恋情と暗鬱な内面を交差させた抒情詩も見られる。

『初期ノート』には制作者というべき人物がいる。川上春雄という。この人物名を知る人は多くはあるまい。吉本隆明の「資料発掘者」あるいは「個人編集者」というべき人物で、福島・郡山の在。

これまで活字化された吉本の生い立ち、年譜、著者目録などはすべて川上の手で作成されている。正確無比の仕事ぶりは、吉本が「私より川上さんの方が詳しいので」というほどである。

戦時期、吉本は米沢高等工業を繰り上げ卒業、東京工業大学電気化学科に入り、終戦は徴用動員先の富山・魚津のカーバイド工場で迎えている。戦後、技術者としていくつかの工場で働くが、組合運動にかかわり、解雇、失業を繰り返していく。

この時期に書かれた草稿類の多くは、ザラ紙や大学ノートに記されたまま散在していた。川上が折々、吉本の弟妹、化学工業、米沢高等工業、東京工大の同級生たちに問い合わせ、収集していったものである。

黄ばんだザラ紙は汚れ、インクが染み、読みがたいものもあったが、虫眼鏡で文字を確認しつつ、ガリ版に写し取っていった。「元原稿に加筆したり、あるいは独断で捨てたものは一切ありません」とのことである。この本について吉本は「手品を見るがごとく」と口にした。

川上の自宅の応接間には、段ボール箱が積み重なっていて、吉本が自筆で書いたものはすべて収めてあった。なかには、東工大の研究生時代の論文、「化學技術者の熱力學」といった表題のものも混じっている。箱の上には「眞蹟」と記された紙が差し込まれていた。間違いなくその人が書いたと認められるもの、である。

このような役割を果たす〝編集者〟が他に存在したことがあったのかどうか、あまり耳にしたことがない。無償の行為として書き手のために人生を費やす。川上の情熱はどこに由来しているのか。郡山に向かう道すがら、またご当人と面談しつつ、しきりに去来したことだった。

資料発掘者の情熱の所在

元来、川上は詩人である。『水と空――川上春雄自撰詩集』という函入りの詩集が残されている（芹澤出版、一九七九年）。私の読解力は乏しいものであるが、そのトーンから連想されるのは〈清潔な叙情性〉といった言葉である。

川上は一九二三（大正十二）年、福島生まれ。吉本より一歳上である。十代後半より短歌に親しみ、詩作へとつながる。小学校の代用教員などをしていた戦時下、応召され中国大陸へ渡るも傷病兵として帰還。戦後、高校の国語科の教員などを経て、会津若松市役所に勤めている。市役所では、総務部、公民館、福祉事務所などに属し、老人会や婦人会に出向く市長の挨拶原稿や議会答弁の下書きもよく書いた。諧謔《かいぎゃく》風に、こうおっしゃる。

「『休まず、遅れず、働かず』の見本のような地方公務員でした」――と。

詩に親しんだ川上は、戦後詩の中心軸を担った「荒地」の鮎川信夫と交流があった。鮎川の紹介で、当時、特許事務所に勤めていた吉本を訪ねていったのが二人の出会いである。

吉本は「川上春雄さんを悼む」（「ちくま」二〇〇一年十二月号）のなかで、二人の出会いについてこう記している。

《川上春雄さんとはじめて通信を交わすようになったのは、私が飯塚書店版の『高村光太郎』（一九五七年）を出版した折だったと思う。それまでまったく未知だった川上さんが、詳細な誤植の訂正箇所を挙げて送ってくれたことから、手紙や葉書の往復がはじまった。物ぐさなわたしでも、黙っていては相すまぬと思うほど詳細を極めたもので、御礼状を出さずにはおれなかった。川上さんはその頃、詩誌「詩学」の研究会に属して詩を書いておられたと記憶する。

力量のあるいい詩作品だった》

『初期ノート』のあとがき「過去についての自注」においてはこう記している。

《わたしは、いわゆる、はやすぎた自伝を素描しようと試みたのだろうか？　そうではない。ここに収録された断簡には、わたしの所有している思想の最良の部分が存在するとともに、その最良な部分にいたるまでの、少年期の手習いの基本が、現在の資料発掘者（川上春雄）によって可能なかぎりの努力であつめられている。それが、思わずしてわたしを回想に誘うだけの愛着を感じさせただけである。わたしは、この資料発掘者の情熱の所在がどこにあるのかを推測しようとはおもわない。それを推測するためには、わたし自身いくらか、自惚れに安住することを必要とするからである》

『水と空――川上春雄自撰詩集』

かつて勁草書房より刊行された吉本の全著作集（全十五巻）もすべて川上の個人編集に拠っている。各巻の末に川上による書誌的な「解題」が付与されているが、これも吉本の意向によるものだった。

この著作集を編纂していた頃でいえば、川上は夕方五時になるとすぐ市役所を出て帰宅した。会津の地酒を呑みつつ夕食をとり、ひと息入れて机に向かい、夜半まで仕事をした。

著者と打ち合わすべきことはいろいろと出てくる。東北新幹線はまだ走っていない。会津若松―郡山―東北本線を乗り継ぐと、東京まで六、七時間かかる。一泊旅行にならざるを得ず、土日、あるいは有給休暇を使って出向いていた。川上がそのような〝内職〟をしていたことを、役所の同僚はだれ一人知らなかった。

死者に対する弔いの姿勢

吉本が個人編集で主宰した雑誌『試行』の活動のなかで、試行出版部は川上の自宅（会津若松、ついで郡山）に置かれてきた。『初期ノート』など十点が試行出版部から刊行されている。

『試行』は、六十年安保闘争の敗北後に創刊されたが、一九九七年十二月、第七十四号をもって終わった。上野の小さなホテルで、終刊の打ち上げ会が開かれた。主宰者が席に招いたのは十人余りで、印刷、校正、送付の宛名書きなどを担ってきた人々、それに川上だった。

おそらく、吉本の書いたもの、および吉本その人をだれよりも知るであろう「資料発掘者」に問うた。吉本の本質を形成するものは何か、と。

川上が一例としてあげたのは、死者に対する弔いの姿勢である。

米沢高等工業学校の同級生から抗議に近い電話を受けたことがある。吉本が近しい友人の葬儀に顔を出さなかったというのである。

ただ、たまたま川上は葬儀の模様を吉本から耳にしていたので、同級生の勘違いであることがわかった。

だいたい吉本は葬儀に参列することにおいて律儀である。それは生前、論争の果てに袂《たもと》を分かった相手であっても変わらない。故人が、川上と共通の知人である場合もあって、いつの間にか葬儀参列の吉本の流儀を知るようになった。

葬儀場にやって来ても、知り合いを探すわけでもなく、黙って後列にたたずんで死者を悼み、焼香してそのまま帰る。参列者は吉本が来ているかどうかわからない場合もある。米沢からの電話もその類いであることが川上にはわかっていた。


川上は、吉本と似た気配の漂う人である。伏し目がちの、穏やかな口調で話す人である。それでいて、剛直で凛《りん》としたたたずまいが伝わってくる。

本名・折笠義治郎《おりかさよしじろう》。おそらく〈折笠義治郎〉としての人生は仮の宿であって、生涯の情熱は他者への献身に費やされた。

なぜ、という問いには、短い答えと小さな微笑が返ってくるのみであった。

「私には吉本さんの仕事が比類のない独創的なものだと思えたこと。この書き手の仕事を通して、自分たちの生きた時代を解明していきたいということだったのでしょうか……」

ひと通り話を聞き終えると、会津の名産「みしらず柿」を差し出され、いただいた。焼酎でさわした熟し柿で、なかなかの美味だった。

会津の風土、戊辰戦争のことなどが話題に出る。薩長へ草木もなびく時勢下、徳川親藩という宿命をまっとうして会津藩は壊滅した。選択の可否はともあれ、維新史には稀な、端然として貫いたという香りは残る。川上はその末裔というわけではないが、ふと会津の古武士という言葉を想起したりした。

吉本、川上両氏への取材は一九九九年から二〇〇〇年にかけてのもので、原稿を雑誌に掲載して後、短編集『一九六〇年代の肖像』に収録した。取材時から二年後、川上が七十八歳で亡くなっている。さらに十二年後の二〇一二年、吉本が八十八歳で鬼籍に入った。

二〇一四年より、晶文社から『吉本隆明全集』が出されているが、第三十八巻は二人の書簡——多くは吉本から川上への便り——が収録されている。一通目は一九六〇（昭和三十五）年のもので、以降四十年間、計百五十数通に達している。

『試行』「試行出版部」『初期ノート』『全著作集』……などにかかわる打ち合わせ、意見の交換、出版物の送付、細かい会計報告などである。初期には意思の疎通を欠くこともあったようで、吉本はいわゆる商業主義を排する原則を貫き、川上の要請をにべなく退けているものもある。歳月を重ねるごとに意見の相違はほとんど見られなくなり、吉本が編集部門のもろもろを川上に丸ごとゆだねている様が読み取れる。

書簡のラストは、吉本が川上の家族に宛てた悔やみ文が収録されている。

《川上春雄さん、さようなら。川上春雄さん、永い間お世話になりました。私の文筆の仕事は、あなたの援助なしに成り立たないものでした。哀しみと感謝の言葉が同時でしかない不甲斐なさを恥ずかしく思います。お別れを心からいたします》

吉本は川上より十年、長く生きた。もとより私の錯覚なのであるが、二人はこの世から折り重なるようにして去ったという感触が残っている。互いに、信じるに足ると思える知友をもち得たこと。人生の幸運といっていいのだろう。

君原健二と有森裕子

〝人生の道場〟と〝生きる意味〟
二人のランナーが刻んだ時代相

君原健二――。このマラソンランナーの足跡を思い浮かべるとき、「偉大な」という形容も大げさではあるまいと思う。

一九六〇年代から七〇年代半ばまで、「競技者」として走った。オリンピックでは一九六四（昭和三十九）年東京大会が八位、六八年メキシコ大会が二位、七二年ミュンヘン大会では五位という成績を残した。走ったレースは計三十五回。うち優勝十三回。レース途中での棄権は一度もなく、すべて完走している。付与された別称は「鉄人ランナー」あるいは「根性の男」。

これまで走ったなかで会心のレースをあげてくれませんかと問うと、二つのレースをあげた。ひとつはメキシコ五輪前年の別府毎日マラソンで、レース終盤、二位になった走者とデッドヒートとなり、最後、抜け出て国内最高記録でゴールインした。もうひとつはさらにこの前年、タイ・バンコクのアジア大会で優勝したレースである。

ただ、君原が「会心」というのは勝利したからではない。「体力と気力を出し切って走れた」「湿度の高い、暑いなかでがんばり抜けた」からである。このような答えのなかにも、君原というランナーの志向がうかがえよう。

自身、根性があると思ったことは一度もない。レースで苦しくなる。もう一キロだけ、もう三百メートルだけ、次の電柱まで……。それが、結果として棄権なしにつながったという。首を振り、いかにも苦しげな表情で走る姿を記憶する人は多いだろう。レース後半、しんどくなると自然とそんな仕草が出てくる。カメラマンたちは、そこを狙ってよくシャッターを押した。

君原健二を形づくった大きな要素は世代であろう。一九四一（昭和十六）年、北九州の生まれ。生家は小間物店をしていた。幼年期は戦時下、少年期は慎ましやかな戦後の時代である。内気な若者だった。自分には取り柄がない、恥をかくまい、せめて恥を少なくしたい——そう思っていたという。「恥」という言葉が生き方の基軸にあった最後の世代かもしれない。

内向的な若者は往々にして、芯に強いものを保持しているものだ。戸畑中央高で陸上部に入る。とくに走ることが好きだったわけではないが、夕方、薄暗くなった学校のグラウンドを一人で走る時間帯は嫌いではなかった。たまたま選んだ競技は、少年が奥深く宿した形質と嚙み合うものだった。

卒業間際になって、駅伝要員を求めていた八幡製鉄への入社が決まる。これまた「たまたま」だった。戸畑製造所庶務課に配属され、のち広報課、社内教育担当に代わるが、三十二年間、この地でサラリーマン生活を送った。

社会人の陸上部で走ることの素質が開花し、東京五輪の候補選手になる。今日との大きな相違は「アマチュアリズム」が貫かれていたことだろう。陸上部員は勤務終了後、戸畑にある鞘《さや》ヶ《が》谷《たに》競技場に集まる。練習後に、社に戻って残業もした。強化合宿などで北九州を離れることがあったが、後ろめたく感じていた。オリンピックはアマチュアの祭典のはずだ。月に一週間も十日も仕事を離れていいのだろうか……。

東京五輪の最終選考会を兼ねた毎日マラソンで優勝、君原は期待度一番手の選手となる。国をあげてのオリンピックだった。練習で沿道を走っていると必ず、「がんばってください」といわれる。それもすがるような目でいわれるのだ。自身はもう限界と思うほどがんばっている。これ以上、どうがんばればいいのか……。

レース本番。身に鎧《よろい》をまとったごとくに体は重く、どうにも足が伸びない。結果は八位。不本意ではあったが、これが自分の実力だと思えた。加えて、ようやく「任務」が終了したという安堵感が湧いた。

東京五輪にまつわることで、もっとも記憶に残るのは、レース翌日の朝である。

選手村は代々木公園の中、旧米軍のアパートを改装したもので、二階の一室が君原と円谷《つぶらや》幸

1968年メキシコ五輪のマラソン、２位でゴールインする君原健二

吉に与えられていた。朝六時過ぎ、いつものように目覚め、明治神宮の内苑をジョギングした。体は軽く、足は弾む。雲の上を駆けているごとく、かつて覚えたことのない感触だった。昨日までこびりついていた圧迫感がまるでない。信じられないほどすがすがしい朝だった――

盟友・円谷の悲しい目

東京五輪の勝者はエチオピアのアベベ・ビキラ。ローマ大会に次ぐ連覇である。三位に円谷が入った。

円谷は福島・須賀川《すかがわ》の農家の出身で、君原とは同学年。候補選手として合宿で寝起きをともにするなかで、親しい間柄になった。

多分に重なるものを君原は感じていた。ともに、素質よりもこつこつ努力を積み上げていくタイプのランナーで、生真面目という点でも似ていた。円谷は几帳面で、風呂へ入る際も、脱衣場できちんと下着をたたんで入る。ユーモラスな一面もあって、夕食時、面白いことをいって周りのものを笑わせたりもした。

東京五輪から三年余、円谷は練馬区にある自衛隊体育学校の自室で、安全剃刀で頸動脈を切って自殺した。

なぜに……？

五輪のレース直後のこと。選手控室に戻ると、円谷がひどく悲しい目をしていた。一瞬、君原は、円谷がレースを放棄したのかと思ったほどである。のち、トラックに入ってからイギリスのベイジル・ヒートリーに追い抜かれたことを知る。その無念さの余りであったのか。

自裁する半年前、二人は広島で開かれた全日本実業団選手権の二万メートルを走っている。ともに走った最後のレースだったが、円谷はアキレス腱炎などを抱え、不調だった。思いつめた表情で、君原にこういった。

「メキシコでもう一度日の丸を掲げることが国民に対する約束です」

戦争期を記憶に残す世代である。〈国〉という言葉をいまよりはるかに重いものとして受け止める素地をもっていた。けれども、「国民に対する約束」とは尋常な言葉ではない。円谷の思いは一定理解しつつ、なお届かぬものを君原は感じていた。

《父上様母上様　三日とろゝ美味しうございました。干し柿、もちも美味しうございました。／敏雄兄、姉上様、おすし美味しうございました。／勝美兄、姉上様、ブドウ酒、リンゴ美味しうございました／巌兄、姉上様、しそめし、南ばんづけ美味しうございました。／……／父上様母上様、幸吉は、もうすっかり疲れ切ってしまって走れません。／何卒お許し下さい／気の休まる事なく、御苦労、御心配を御掛け致し申し訳ありません。／幸吉は父母上様の側で暮しとうございました》

韻律のあるごとく、美しいといえば美しい、哀切な響きをもつ文である。この遺書を読むと、浮かぶ情景がある。

近くに神社があり、森があり、小川が流れる草深き農村の一家。家長である父の周りを囲んで、ひっそりと家族が暮らしている。封建的昏《くら》さを帯びつつまた慎ましやかな日本的美を保持していた家族――。

それはこの時代まで、日本社会に確かに存在していた家族像である。円谷の悲劇には、個人に過重な荷を背負わせた共同幻想がかかわっている。「家のため」「村のため」「オリンピックのため」「国のため」……。円谷たちの世代は、いい悪いは別にして、〈何々のために〉という思いをつのらせ得る最後の世代だった。哀切な調べは、そんな時代の終わりを告げる葬送曲にも感じられるのである。

――時は流れる。須賀川で円谷幸吉記念館がつくられ、毎年秋にメモリアルマラソン大会が開かれてきた。前日、当地で開かれる偲《しの》ぶ会に出席し、墓に詣でる。それが君原の決まり事であり続けた。

新時代のヒロイン

東京オリンピックから数えると二十八年後ということになる。一九九二（平成四）年、スペイン・バルセロナ五輪の女子マラソンのテレビ中継を見ていた。

最初にゴールしたのはロシアのワレンティナ・エゴロワで、次いで有森裕子が入ってきた。レース終了後、黒いショートカットのランナーは、受け取った花束を手にトラックへと駆け出し、スタジアムの声援に満面で笑みを浮べて応えている。日本のマラソン史に付着してきた重苦しさがまるでない。こんな娘が現れる時代になったのだ――。感慨深く見詰めていた。

有森裕子は一九六六（昭和四十一）年、岡山の生まれ。父は高校の教員。就実《しゅうじつ》高で陸上をはじめ、日体大に進む。とくに目立つ成績は残していないが、走ることはがんばれるのだ。走ることで何事かができるかもしれない……。

卒業後、リクルートのランニングクラブに所属する。一九九〇年、マラソン初体験となった大阪国際女子マラソンで六位。翌年の同マラソンで日本最高記録を出す。四度目のレースがバルセロナだった。

バルセロナから一年、千葉・佐倉にあるランニングクラブに有森を訪ねた。バルセロナの思い出を語ったあと、ぽつんとこういった。

「あの日から心から笑ったことが一度もないんですね」

髪は長く伸び、引っ詰めて括りつけていた。憔悴《しょうすい》した表情さえ見受けられた。思いもよらないことだった。何がこの人を苦しめているのだろう……。彼女に本当に興味を抱いたのはこのときからである。

理由をいくつかあげた。まずは「その後」の目標が見えてこなかったことだ。

「誤算があったのです。オリンピックが終われば、次の目標がすぐ見えてくるように思っていた。でも見えてこなかった」

――走ることが嫌になった？

「苦しいことをがんばるのは嫌じゃない。がんばる対象がないのが辛いんです」

――対象は走ることでなくてもよかった？

「ええ、別のことでもかまわなかった。要は自分が生きていると感じられる場所で生きたいんです」

彼女の抱えていることを正確に理解し得たかどうかは不明であるが、了解はし得たように思えた。燃え尽き症候群《バーンアウト》と呼ばれるものがある。彼女の場合もその言葉で括られようが、そういう枠内にとどまらないものがあるようにも感じた。折々に会うようになった。

1992年バルセロナ五輪女子マラソン、銀メダルの有森裕子

何より有森の資質に拠るものであろう。岡山の実家を訪れたとき、彼女が使っていた部屋を覗かせてもらった。机に、ボクシング漫画『あしたのジョー』の主人公、矢吹丈《やぶきじょう》の絵が置かれていた。両手を下げた丈が、挑むように目を光らせている。中学のときに描いたものという。

「とても好きでしたね。明日のことを考えないで、常にぎりぎり自分を賭けていくような生き方が」

こうもいえるだろう。そういう資質の持ち主であったが故に、限界を超えたがんばりが要求される競技、マラソンにぴったりと適応した、と。そして、〝空白〟はより鋭角的に彼女を苦しめた、と。

いつかこう尋ねた。お国のためにがんばるという気持はありますか、と。

「国のためにこんなにしんどいことするのは嫌」といって笑ったものである。

「『なになにのために』というのは、どこか無理があるというか、嘘があるように思うのです。勝っても負けても結果はすべて自分に返ってくる。それが本当じゃないかしら」

「国」や「村」や「会社」からは解放されても、走る根拠に、さらにいえば生きる根拠にかかわる問いは止むことがない。

時が過ぎ行くなかで、少しずつ走る意欲を取り戻していく。バルセロナから三年、有森は北海道マラソンで優勝、アトランタ五輪の切符を手にする。

一九九六年七月二十八日、アトランタの朝。オリンピックスタジアムに近い路上で待ち構えていた。一群のランナーたちが現れ、あっという間に通り過ぎていく。中に、濡れた髪、紅潮した頰、視線を真っ直ぐ前に向けた有森の姿があった。

レース終盤、エチオピアのファツマ・ロバが抜け出し、続いてエゴロワ、有森、カトリン・ドーレ（ドイツ）らが競り合う。結果は三位。五輪で連続してメダルを獲得した。

ゴール――。うれしかった。三着に入れたこと。それ以上に、終わったこと自体がうれしかった。四年前、バルセロナで味わった歓喜とは一味違う。スタンドに向かい、両手を上げ、全身で応えつつ、冷静に、しみじみとこの瞬間を味わっている自分がいた。

翌日、郊外のレストランで有森と向き合った。終始、笑みを絶やさず、彼女は晴れやかだった。それでいて、しんとしたたたずまいも感じられる。この四年間の意味についてこう話した。

「そういう時間をもったことを大事なものとして仕舞い込んでおきたい。オリンピックによって何かが得られるとか、次の道が開けるとか、そうありたいと思ってきたけれども、たとえそうでなくてもいい。いまここに自分があることでいいんです」

振り返っていえば、バルセロナからアトランタに至る四年間は、二つの五輪の間に挟まれた空白ではなく、生きる意味を問いかけた、おそらくだれもが一度は遭遇する月日であったのだろう。

会話がとぎれたとき、ふっと独り言をつぶやくようにいった。

「……オリンピックもやはり終わるものなんですね。いま、とっても静かな自分がいます。それだけで、もう十分」

インタビューを終え、テラスを降り、前の芝生を並んで歩いた。空は雲ひとつない青空で、アトランタに入ってはじめての快晴だった。湿り気を含んだ、日本の夏を思わせる南部の陽光が緑したたる森と芝に照りつけていいる。静かな午後だった。

ここに、過ぎ行く〈夏〉を嚙み締めながら、穏やかな充足とかすかな虚無を感じているランナーがいる。それだけでまた私も十分だった。

歴代ランナーと日本人の精神史

君原健二、有森裕子に加え、マラソンの父・金栗四三《かなくりしそう》、ベルリン五輪の覇者・孫基禎、ボストンマラソンの優勝者・田中茂樹、〝常勝ランナー〟・瀬古利彦、シドニー五輪の勝者・高橋尚子……など、歴代のランナーの足跡を記す『マラソンランナー』という拙著を書いた。結果として、日本人の精神史をたどったという感触が残った。

いずれも豊かな内面の持ち主で、きちんと自己表現をする人たちだった。よく思った。マラソンという競技が内省力を養うのか、あるいはそういう資質をもった人が優れたランナーになるのだろうか、と。なかでも君原と有森の像が鮮明なのは、二人が時代の変わり目を体現していたからなのだろう。

社名が新日鉄と変わった会社を、君原が退職したのは五十歳の日である。その後、九州女子短期大学体育科の教員となり、北九州市の教育委員などもつとめてきた。この間、各地の市民マラソンや世界ベテランズ陸上大会などでもフルマラソンを走っている。ここでもまた完走している。

――マラソンがあなたにもたらしたものはなんでしょう。

「嫌なこともありましたが、全体としていえば自分の人生を豊かにしてくれたものだと思いますね。少年時代、劣等感にさいなまれていた自分に目標というものを与えてくれた。人生の道場だったのかもしれません」

人生の道場――君原らしい表現だった。短髪に白いものが見える。穏やかな老いの日々が訪れているようである。

北九州市内の自宅玄関先に、赤と黒の大型バイク、ハーレーダビッドソンがドンと置かれていた。大型自動二輪の免許をとり、この愛車を駆って四国八十八ケ所めぐりもした。黒いジャンパーに身を固めた「ライダー君原健二」の姿には、ふとおかしみのようなものを誘われるが、さにあらず、稀有のランナーに連なるライダーと思うべきなのであろう。

アトランタ以降、有森は、プロランナーの道を模索し、一方で、NPO「ハート・オブ・ゴールド」の活動、国連人口基金親善大使、日体大客員教授、国際陸連の女性委員……など多彩な活動を続けている。

ハート・オブ・ゴールドは、カンボジア内戦で地雷によって手足を失った人々へのサポートを趣旨に、ハーフマラソンのチャリティレースを行うものであるが、有森は第一回大会からの参加者となっている。

二〇二〇年夏に予定された二度目の東京五輪は、折からのコロナ禍に見舞われ、開催の是非が問われた。新聞等で、有森の意見を何度か目にした。趣旨は、オリンピックの開催を至上のものとするのではなく、社会の全体的な利益・不利益という観点から開催を再検討したらよい、というもので、共感をもって私は読んだ。

走ることにかかわって何事かをなしていきたい――。生真面目な問いを抱えた長いロードはその後も続いている。

年齢でいえば、君原と有森は四半世紀離れている。ランナーとしての卓越したがんばりにおいて二人は共通していたが、人としての風景は隔たっている。もって生まれた資質や性格、育った環境がもたらしたもの。加えて、生きた時代の相違に由来するのだろう。

人はだれも、時代的に生きるしかない――といったのは坂口安吾だったか。君原しかり、有森しかり、また私たちしかり、である。

福永洋一と福永祐一

栄光も「天からの授かり物」
落馬そして二世、それぞれの春秋

事故は、一九七九（昭和五十四）年三月四日、阪神競馬場でのメーンレース、「毎日杯」で起きた。四コーナーを回って直線、後方から福永洋一騎乗のマリージョーイが追い上げて行く。先を行く馬の騎手が落馬し、それを避けんとしたマリージョーイは足を取られ、転倒する。騎手は馬首から滑るように落ちて馬場に叩きつけられた。しばらく「へ」の字型に静止し、それから崩れ落ちた。

落馬の衝撃で舌を嚙み切り、口から血をあふれさせた騎手は、タンカで運び出され、救急車で病院へ搬送された。頭部損傷、重体、危篤に近い……という当初の情報は少しずつ修正されていく。けれども、競馬史上、はじめて「天才」という名称を付与された騎手は、この日をもって、永遠にターフから姿を消した。

この日からいえば十四年後の、一九九三年春。滋賀県栗太郡栗東《りっとう》町（当時）の一軒家、広々としたリビングルームに、彼はいた。

ソファ横の椅子に座り、両足を伸ばしてサイドチェアにのせている。私が妻の裕美子と義父の北村達夫と話し込んでいる間、彼はじっとしていた。一度、手洗いに立った。特製の靴で、右足の革靴は外に湾曲状につくられている。左脳の損傷がひどかった彼は、右半身が不自由である。

「さあ、洋ちゃん、がんばって」

裕美子の声に促され、右足を引き摺りながら、一歩一歩、歩を進めていった。一歩、前に出ること。普段、意識の外の外にある、そんな動作ひとつに、無量に近い努力と時間が込められている。

上唇がややめくれ気味で、終始、笑《え》みをたたえたような表情は現役時代と変わらない。視線が合うと、いっそう口もとが緩む。途中から、彼と視線を合わせることを私はやめた。そのたびに、彼は左手を出して指相撲をせがむからである。握力のある、なかなか手ごわい相手だった。

会話は不自由であるが、言葉は伝わる。エリモジョージは天皇賞（春）を、ハードバージは皐月賞を制した。どちらが好きな馬だったかという問いに、「エリモジョージ」とはっきり答えた。

食事も一人で取ることができる。テレビも見る。「サムライもの」が好きだ。どういうわけか競馬中継にはさほど興味を示さない。風呂に入るには介護がいる。

部屋に、春の柔らかい日差しが差し込んでいた。光のかげんなのか、黒々とした髪に、かすかに白いものが混じっているように映ったりする。あの日、三十歳だった彼は四十四歳になっている……。通り過ぎた歳月を、ふと思った。


この年の春、十六歳になった長男の祐一が、日本中央競馬会・競馬学校騎手課程に合格し、入学するために家を出て行った。息子の荷造りをしながら母親は思っていた。がんばって立派な騎手になってほしい、いや途中で挫折をして早くこの家に帰ってきてほしい……。どちらが自分の望みなのか、彼女にはわからなかった。

競馬学校では、入学時、短髪にすることが義務付けられている。前日、祐一は近所の散髪屋で丸坊主になった。それを照れてのことだったか、野球帽を深くかぶり、バッグを担ぎ、いつものように庭から出ようとした。

「こんな日は玄関から出なくっちゃ」

祖父がいった、母もそれに和した。

少年はもう一度居間に戻り、それから玄関に向かった。居間の椅子に、父親がいつものように腰を下ろしている。少年は無言で父の側を通り抜けた。父親は視線を動かさず、わずかに左手を上げた。

走らん馬も走らせた

私が競馬場へよく通った時期と、福永洋一（以下、洋一と表記）の現役時代は重なっている。「わからんときは洋一から」の〝法則〟にのっとり、幾度かささやかな馬券を取らせてもらった。鞍上《あんじょう》での「洋一スマイル」と、躍動感あふれた騎乗スタイルがいまも脳裏に残っている。

福永洋一は一九四八（昭和二十三）年、高知市で生まれ、育っている。実家はもともと素封家だったが、戦後の農地改革で没落し、父が道楽者で残りの財産を食いつぶしたといわれている。洋一は七人きょうだいの末っ子で、生活苦の中で大きくなっている。

洋一が親しい知人にも決して口にしなかったことがある。母である。洋一が幼い日、母は家を出て二度と戻らなかった。

きょうだいたちが家を出て以降、洋一は父と二人、小さな家で暮らした。収入のもとは父が釣ってきた魚やウナギで、それを売り歩くのが小学生だった洋一の役目だった。

親父と二人、水だけ飲んで過ごした正月があったよ——。親しいスポーツ新聞の記者に、そんな思い出を語ったときもあった。

長男・甲《はじめ》は中央競馬会の騎手（のち調教師）になるが、高知に帰省した折、末弟に「お前も競馬の世界に入れ。とにかく白いメシが腹一杯食えるから」というと、弟が目を輝かせたのを

1977年、第37回皐月賞にハードバージ騎乗で優勝した福永洋一

覚えている。

馬事公苑騎手養成所（現・競馬学校騎手課程）を卒業した洋一は、京都の名門、武田文吾厩舎に入る。通称・タケブンもしくはブンテキ。競馬界の〝御意見番〟として洒脱な弁舌で人々を惹き付けた。武文のもと、若者は大きく羽ばたいていく。


騎手・福永洋一を知る関係者に会ったが、彼らが異口同音にいったことがある。

デビューして三年目にリーディング・ジョッキーとなり、事故前年まで、九年連続最多勝者であり続けるが、もし事故がなければ、騎手のもつ記録という記録は、洋一が空前絶後なまでに塗り替えたろうということである。

強い馬はだれが乗っても勝つ。背中にしがみついているだけで勝ってしまう馬もいるそうだ。

洋一の手腕は、「走らん馬も走らせた」ことにあった。

的場均《まとばひとし》は長く関東でリーディング上位を占めた一流騎手である。例年、夏の函館・札幌競馬で、東西の騎手が合流し、若駒がデビューする。洋一騎乗で勝利を重ねた馬が秋になって関東の厩舎所属となり、的場が乗り役となったが、凡走を繰り返す。翌年夏、洋一が乗ると「針を抜いた魚が躍り跳ねるようになって」走った。なぜなのか……。いまもってわからない。

僕にとって天才騎手というのは洋一さんだけです——そう的場はいった。

「天才騎手」「オッズをつくる男」「歩く競馬四季報」……。洋一に付与された異名である。「四季報」とは、いつも分厚いデータブックを読み込んでいたからである。

洋一の騎乗には「形」がなかった。後方から一気に追い上げて差すと思えば、一転、大逃げを打って逃げ切ってしまう。大レースでも、放埓とも思える自在な乗りっぷりを披露した。

入厩時、武田厩舎の主戦騎手は栗田勝。シンザンを駆って三冠を達成した。好位差しの着実な騎乗ぶりに、武文は「名人」という称を与えていた。その栗田も武文も、洋一の騎乗ぶりには「最近の若い子のレースはよくわからん」「競馬のセオリーにはないんだがな……」と、〝戸惑い言葉〟を口にしている。騎手・洋一は、名人や名伯楽の騎手観をも超えるものを宿していた。

「幼かった末弟」洋一は、この世界でまたたく間に兄・甲を超える騎手になった。騎手はレースで勝てば賞金（五パーセント）が、五着以内に入れば「進上金」がもらえる。着外なら騎乗料のみだ。兄の甲は六着で戻ってきたレースで、洋一から〝叱責〟を受けたことがある。

「なんで五着を狙わんの。着外はおカネにならんで」

歴代の名騎手と呼ばれた人々、加賀武見《たけみ》、野平《のひら》祐二、増沢末夫、武邦彦、郷原洋行らの「着内率」は五割五分台から六割一分台。洋一のそれは六割七分四厘。目立たない数字ではあるが、洋一がいかなる騎手であったかを物語っている。

妻は献身にも苦労話せず

あの日から、彼はまったく異なる時間と価値観のなかに身を置き、生きてきた。騎手時代を上回るもうひとつのドラマがあったといっていいだろう。

それは洋一自身と、彼の調教師となり厩務員ともなった妻の裕美子と義父母の北村達夫夫妻の献身によって生み出されてきた。

妻と義父は、米フィラデルフィアにあるグレン・ドーマン研究所を幾度も訪れている。当所は、重い脳損傷者に、回復段階ごとのリハビリテーションを行い、諸機能の改善を図ろうとするプログラムを開発した。洋一の現在は、毎日繰り返し行うリハビリによる成果によるものという。

裕美子は、澄んだ視線をもつ女性である。東京の短大生だったとき、洋一と知り合って結婚し、長男・祐一、長女・洋美《ひろみ》が生まれた。落馬事故時、祐一は二歳三か月、洋美は五か月の乳児だった。

子育てと主婦という日常が、がらりと変わった。日々、することが山ほどある。苦労話はしない人だった。

「私たちが特別なことをしてきたとは思いません。こういう立場に立てば、だれだって同じことをしただろうと思いますから。……もちろん事故がなければどんなによかったろうと思いますが、あったが故に、知ったことや出会ったこともあった。得をしたこともあったかなって思います」

祐一と洋美がもの心ついてきた頃、裕美子は仕舞い込んでいた夫の写真やトロフィーを居間に飾ることにした。リハビリに追われ、子供たちを遊園地に連れて行ってやったこともない。でも、いつかはわかってくれるだろう。父はこんなに素晴らしい人だった。私たちが「洋ちゃん」を尊敬していれば、子供たちも父親を尊敬してくれるだろう。そんな思いで飾ったトロフィーだった。

中学二年になったとき、祐一が唐突にいった。騎手になりたい、と。それまで競馬に関心をもっていないように母親には映っていた。なぜなのか……。とりあえず反対はした。だけど、思い直した。きっと、考え抜いて決めたことだろう。息子は自分の人生を自分で決める権利がある。それを阻むことはだれにもできはしないんだ、と。

――一九九六年三月。名古屋市郊外にある中京競馬場、サラ系四歳未勝利戦。福永祐一（以下、祐一と表記）初騎乗のレースである。

祐一騎乗のマルブツブレベストは単勝一番人気だった。そしてこの日、祐一騎乗の馬は強弱にかかわりなく、一番か二番人気だった。そこに、オールドファンたちの無言の思いが感じ取れた。

四コーナーを回って、マルブツブレベストが先頭に立ち、ゴールへ。初騎乗初勝利。大きな拍手とどよめきが起きた。本命馬が入ったときとも、穴馬が飛び込んできたときとも違う、安堵感というべきか、こもったようなどよめきだった。

親父は不幸な人ではない

滋賀・栗東トレセンの独身寮に福永祐一騎手を訪ねたのは、デビュー時から七年がたっていた。ダービー初騎乗での失敗、桜花賞でクラシック初制覇、落馬事故で左腎臓摘出……この世界の春秋を体験しつつ、一流騎手への階段を上りつつあった時期である。

ハンサムで、涼し気な顔立ちの青年である。きつい勝負の世界で生き抜いていけるのか……と、よけいなことを思ったりもした。

未熟なこと、武豊《たけゆたか》にはおよびもつかないこと、一歩一歩うまくなっていきたいこと――そんな声が聞かれた。

騎手・福永洋一の〝忘れ形見〟――。祐一騎手に付着してきたものである。負担ではなかったのか。

「なくはないのですが、父の名を借りてこの世界に入ったことも確かです。随分と得をさせてもらってきた。比較していわれるのは自分がまだ半人前だからだと思うのです」

祐一は父・洋一の雄姿を知らない。もの心ついたときから、毎日、家でリハビリを重ねていた姿が父親像のすべてである。ふと、母親がいいよどんだことが思い出された。

「なぜ?っていうことですよね。ずっと親父の姿を見て育ってきて、不幸な人とは思っていなかったからじゃないでしょうか。父は、母や祖父母に支えられて生きてきましたよね。そりゃ親父にすればこうはなりたくはなかったでしょうが、これだけ愛情に包まれて生きてきた人が不幸な存在であるはずはないと……」

祐一騎手へのインタビューがなかなか実現しなかったのは理由がある。私はスポーツ雑誌の編集部を通して幾度か接触していたのだが、祐一の所属する北橋厩舎、テキの修二調教師のガードが堅かったからである。ようやく「半人前」と認めて、実現した次第だった。

祐一が北橋厩舎に所属したのは、「父の縁」である。騎手時代、洋一と北橋は仲が良かった。

1996年、デビュー戦から２連勝を飾った福永祐一

事故後、母も祖父母も忙しい。幼い妹と一緒に北橋の自宅兼厩舎によく遊びに行った。居心地がよかった。一緒にご飯を食べたり、北橋夫人に動物園に連れて行ってもらったりもした。修ちゃん——少年は北橋をそう呼んでいた。

競馬学校の卒業間際になって、祐一より世話になりたいという連絡が入った。それはいいが、それならこれからは師弟関係だぞ、と北橋は思った。杞憂《きゆう》であった。少年は「先生」といって入って来た。

こと騎乗に関して北橋は厳しかった。トレセンや厩舎では、甘い顔は毫《ごう》も見せない師であったが、家の中は以前と同じように居心地のいい場所だった。

北橋厩舎の所属馬マルカコマチが重賞レースに勝った日がある（京都牝馬特別、一九九九年）。表彰式で、手綱を取った北橋が、ぼそっと「祐一、よかったな」といった。その言を耳にして落涙した。馬に乗って泣いたのははじめてだった。

北橋は厩舎の台所事情は口にしないが、若者は知っていた。騎乗ミスで勝ちを逃す。馬主から苦情がくる。そんなもろもろは乗り役には伝えない。また、他厩舎に有力馬がいると優先して乗せてくれた。これで少しは恩返しができたかも――。そう思ったとたん涙腺《るいせん》がはじけたのである。

北橋厩舎所属のエイシンプレストンは、デビュー戦から引退まで、全レースを祐一が乗った。朝日杯三歳ステークス、香港マイル、クイーンエリザベス二世カップ（二度）などを制した強豪馬だった。

この間、祐一は中京競馬場のレースで落馬し、腎臓のひとつを摘出する大怪我も負っている。負傷癒えて祐一がターフに戻ってきたとき、北橋はこういった。

「祐一よ、乗っていて怖いと思ったらやめりゃいいんだぜ」

勝負にかかわることで妥協はしない。けれども、これはまた別のことだ。父のその後を知る調教師はそういわずにはおれなかったのである。

天からの授かり物

祐一が厩舎に所属して十一年目の二〇〇六年、北橋は七十歳の定年を迎えた。厩舎は解散となる。調教助手や厩務員は他厩舎に移り、祐一はフリーとなる。二十九歳。新たな、第二の出発だった。

栗東の焼き肉屋で、関係者が集まり、厩舎のお別れ会が開かれた。なごやかな、いい集まりだった。

理学療法士になった妹・洋美の姿も見られた。「親父の背中を見て育った妹も、そんななかで自分の生き方を決めたんでしょう。結局、きょうだい二人ともがそうだった」と祐一はいった。

父・洋一の様子はその後も変わらず、地域のデイサービスの支援も受けつつ暮らしているとのことだった。

北橋に「これからの祐一騎手に何か望むことはありますか」と訊いた。

「ま、なんとか恰好はついてきたが、野球でいえば二割七、八分の打者だ……勝ち星だって、まだ（武）豊の半分じゃないか。ここ一番、ダービーの騎乗にだれを頼むか。ワシだって豊に頼むよ……あの吸い込まれるような騎乗をした親父には遠くおよばない……とにかくこれからだ。ちやほやするとロクなことはない……」

老調教師は一言半句、甘い言葉を吐かなかった。頑固親父め――。栗東からの帰り道、久々、胸のあたりが温かかった。


また年月がたった。以降、祐一騎手は頂点を目指して着実な歩みを続けてきた。リーディング・ジョッキー、最高勝率騎手、ダービー制覇（ワグネリアン、二〇一八年）、五大クラシック完全制覇……。

長く頂点に君臨した武豊が、第一人者の地位を退きつつあるいま、その席を埋めようとしている。もう父・洋一との比較で語られることはない。通算勝ち鞍も父のそれをとっくに超えた。妻帯し、三児の父親ともなっている。

――二〇二〇年秋。京都競馬場での菊花賞、祐一騎乗のコントレイルが勝ったテレビ中継を感慨深く見詰めていた。コロナ騒動で観客席は無人。

じっくり中段に控え、三コーナーで上位に進出、四コーナーを回ったところでコントレイルが先頭に立つ。背後からコントレイルをマークしてきたアリストテレスが外側から追い上げ、並びかける。ゴール前、二頭の壮絶なたたき合い。コントレイルはクビ差に迫られつつもなお抜かせない。クビ差のままにゴール――。

騎手・福永祐一の技量が伝わってくるレースだった。コントレイルの父は伝説の馬、ディープインパクト。親子二代の無敗三冠達成は史上初である。
勝利インタビューの受け答えの様子を見ながら、すっかり大人の貌《かお》になったなぁと思ってい
た。翌日の新聞談話ではこうあった。
「僕はコントレイルほどできた息子ではないけれども、騎乗依頼を含めてすべて天からの授か
り物。幸運な縁。この上ない幸せを感じています」（京都新聞、二〇二〇年十月二十六日）
行間を読むまでもなく、彼が何をいわんとしているかは伝わってくる。もう一度、感慨がぶ
り返してきた。

二〇二二年末、日本中央競馬会の新規調教師免許試験の合格者の中に福永祐一の名が見られ
た。デビューから二十七年、四十六歳。ダービーを三度制覇し、トップジョッキーのまま、今
春、現役を引退する。まだはやいという声もあろうが、その選択を喜ばしいものと受け止める
人々もきっと多いだろう。父の災禍を知る競馬ファンとして、私もその一人である。

シャムウェイとスタールツ

移植でしか救えぬ患者たち……先駆的な仕事が福音をもたらす

サンフランシスコからフリーウェイに乗って南へ一時間余り、パロ・アルト市内、広大な公園といった風景の中にスタンフォード大学の建物が点在していた。メディカルセンターの本部は、黒っぽい四角形の建物である。

この建物から少し離れた芝生に、赤と白の二色に塗られたヘリコプターが翼を休めていた。横腹に「ＬＩＦＥ　ＦＬＩＧＨＴ（生命飛行便）」と記されている。一度、臓器提供の情報が入ったのか、真っ青なカリフォルニアの空に舞い上がっていったが、病院内で行き交う人々にとくに変わった様子は見受けられなかった。

約束の時間、管理棟ビルのロビーで待っていると、緑の手術着の上に無造作に白衣をまとい、バスケットシューズを履いた初老の男が現れた。端正な顔立ちは写真で見た記憶があった。医学部教授、循環器外科部長のノーマン・シャムウェイである。

手術が終わったところですか、と尋ねると、

「あなたとの会見が終わればもう一例、冠動脈バイパス手術の予定がある。心臓移植や心肺移植はもう立ち会うだけだけどね。若い人がやる方がずっとうまいから」

そういって、シャムウェイは小さく笑った。

一九八六（昭和六十一）年初夏のこと。この頃すでに、欧米では心移植は日常の治療となっていたが、そうなるに至った功績者を一人あげるとすればこの医学者の他にない。

一九五〇年代後半、シャムウェイは犬を使った心臓移植の動物実験をはじめた。当初、移植された犬はまるで生きなかったが、六〇年代に入ると生存犬が報告されはじめ、心移植の臨床が現実性を帯びたものとして現れた。

一九六七（昭和四十二）年十二月、南アフリカの地から初の臨床例が伝えられたが、斯界を知る専門医たちは意外なニュースと受け取った。犬を使った動物実験でもっとも実績を積み上げていたのはシャムウェイ・チームだったからである。

翌一九六八年、世界の施設で症例数は百一例を数え、第一期心移植の〝隆盛期〟となる。そのうちの一例は、札幌医大の和田寿郎《じゅろう》によるものである。

和田移植をめぐっては、提供者《ドナー》（水死した大学生）の死の判定、および受容者《レシピエント》（弁疾患をもつ十八歳の若者）への適用の妥当性をめぐる医学的論議が続いた。不起訴とはなったが検察の

捜査もあって、以降、日本では長く心移植はタブーとなっていく。

世界的にも隆盛期はほぼ一年と短く、その後は症例数が激減し、やがてほとんどの施設が臨床をやめてしまう。拒絶反応の壁が厚く、患者の長期生存が期待できないからだった。

そのような中、毎年、数例から十数例の臨床例を積み上げていった唯一のチームがシャムウェイ・チームだった。冬の時代、なぜ臨床を続けてきたのか――。それがもっとも知りたいことだった。

国際心臓肺移植学会で初の生涯功労賞を受けたシャムウェイ

「やりはじめた数年、一年平均生存率は四〇数パーセント、二年生存率は三〇数パーセントにすぎず、確かに成績はよくなかった。ただ、年々少しずつではあるが生存率は向上していた。臨床と並行して動物実験を続けて、免疫抑制剤の投与量と感染の相関関係など、不明な部分を解明していった。それになにより、移植でしか助からない患者が目の前にいた。だからやめなかった」

この間、シャムウェイは殺人罪で訴えられてもいる（一九七三年）。事件のあらましはこうだ。

サンフランシスコに近い町で、拳銃で頭を撃たれた男が脳死《ブレインデス》となり、家族から臓器提供の申し出があった。男はヘリコプターでスタンフォードに運ばれ、心臓を摘出され、待機患者への移植手術が行われた。事件をめぐる裁判で、犯人側の弁護士は、摘出時点で心臓は鼓動《ビーティング》心《ハート》の状態にあり、殺人を犯したのは撃った犯人ではなく、摘出に当たったシャムウェイだ――と主張した。

裁判結果は、シャムウェイ無罪、撃った犯人を有罪とした。この翌年、カリフォルニアでは脳死をもって人の死とする州法が成立している。

臨床例の蓄積、法制度、移植コーディネーターの活動、ＲＯＰＡ（地域臓器調達機構）などの仕組み……が整えられる中で、移植医療は少しずつ前進していく。

大きなエポックとなったのは、スイスの製薬会社、サンド社の研究員がノルウェーの山中で採取した土壌中に潜んでいた真菌の代謝物で、免疫抑制剤シクロスポリンとして製品化される。一九八〇年代に入ると臨床に使われ、心・肝・腎すべてにわたって臓器移植の成績を飛躍的に向上させた。

あなたの人生哲学はなんでしょう？　そう問いかけたとき、シャムウェイはふっとはにかんだ表情になったことを記憶する。

「……とくにこれというものはないんだけどね。まあ自分がそういう立場になったら、そうしてほしいと思うことを自身はやりたいということですかな」

この先駆者から聞こえてくるのは、ごく控え目な答えだった。

私の人生はただ、病気と闘うこと

移植医療の先駆者として、もう一人、伝説的な医学者がいる。肝臓移植のトーマス・スターツルである。

一九八〇年代後半から九〇年代、スターツルの君臨するピッツバーグ大学病院は、全米の臓器移植センターともなっていた。訪れていた日の朝、三階の廊下には、ドナー肝を収納したアイスボックスが並び、五番手術室で肝移植、六番でも肝移植、九番では心移植までのつなぎとしての補助人工心臓の埋め込み手術が行われようとしていた。

当地での肝移植の年間症例数は五百数十例。ドナー肝はＵＮＯＳ（全米臓器配分ネットワーク）より送られてくるが、摘出チームがドナー発生病院に出向くこともある。

深夜、ノースカロライナの病院より一報が入り、プロペラ機で「ハーベスト」――と彼らは呼んでいた。直訳すると「刈り取り」——に出向くチームに同行させてもらった。

到着した小さな飛行場の滑走路にはパトカーが待機し、ノーストップでドナー発生病院に向かう。手術台に、下半身にタオルがかけられただけの全裸の白人男性が横たわっていた……。心、肝、腎、膵《すい》が摘出され、臓器保存液が入ったアイスボックスに収められる。作業が済むと即、飛行場に取って返す。この間、ピッツバーグではレシピエントへの移植手術の準備が進められている……。

この日、摘出チームのヘッドは「ヒロ」こと古川博之。古川は帰国後、北大を経て旭川医大の病院長に就任したが、ハンサムな顔立ちの、ナイスガイだった。

ピッツバーグでは、週一回、レクチャー・ホールと呼ばれる小さな講堂で合同カンファレンスが開かれる。前週の症例の報告、近々手術が予定されているレシピエントの病状の検討会などで、外科、内科、病理、ハーベストチームなど数十人の医師が集まる。演壇のスクリーンに、スライドが映しだされ、一例一例について報告と意見が交わされる。医師たちは白人、ラテン系、アジア系と人種もさまざまで、当地が世界の移植センターとなっていることを改めて感じさせた。

ひと区切りしたとき、演壇横に、男が立った。セーターの上に白衣を引っ掛けている。男がしゃべり出すと、場内にかすかな緊張が走るように感じられた。スターツルその人であった。

「ドナー肝が良好でない場合、状態の良い患者には使うべきではないという意見が出たが、私はむしろ逆ではないかと考える。状態の悪い患者にこそ、もっとも良好なドナー肝が使われるべきなのだ。ともかく、ドナー肝はひとつとして無駄にはできない。この原則はいま一度、確認しておきたく思う……」

スターツルは一九五〇年代、デンバーのコロラド大学時代に肝移植の動物実験をはじめている。

なぜこの分野に取り組んだのか？

「若い頃から、一生を賭けるに値するテーマを求めていました。当時、到底見込みがないといわれていたテーマが二つあって、ひとつがガンの制圧、もうひとつが臓器移植。困難なテーマ故に選んだわけです」

手術手技、拒絶反応、反応を抑える薬、組織適合性、摘出した臓器の保存……すべてが手探りだった。医学論文に、「門外不出で無意味な実験的研究が五年も続いたのである」と記している。

臨床に踏み切ったのが一九六三（昭和三十八）年で五例。六四年（〇）、六五年（〇）、六六年（一例）、六七年（六例）、六八年（十四例）、六九年（七例）、七〇年（十一例）、七一年（十一例）、七二年（十二例）、七三年（十七例）、七四年（二十一例）……症例数を連ねるだけで、この医学者の執念というものが伝わってくる。

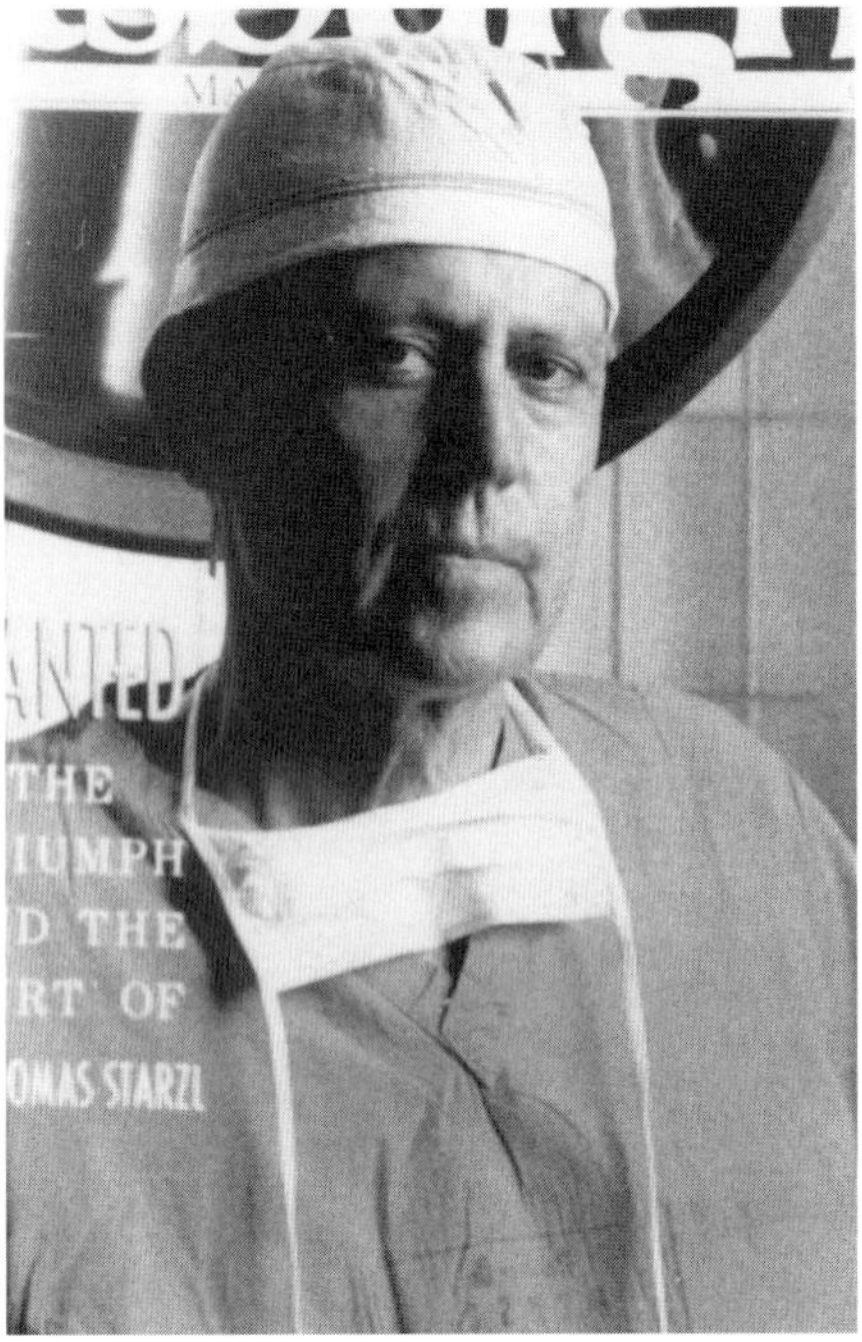

米医学界最高の賞といわれるラスカー賞（臨床部門）を受けたスターツル

スターツルは一九八〇年にピッツバーグに移るが、コロラド時代、五年生存率はおよそ二〇数パーセントだった。臨床をはじめた時代、医学界内部から「共食い」という痛烈な批判も寄せられている。

「生存率は低かったけれども、対比すべき数字はゼロなわけで、ゼロよりはいいと思っていました。私に対していろんな批判もあったけれども、患者の存在を軽く考えたことはないし、実験的な治療として臨床を行ったこともありません」

「ゼロ」というのは、肝移植が他に延命策のない患者への〝最後の手段〟ということを意味している。

コロラドからピッツバーグへ、肝移植の先駆者の仕事を支えたのは日本人の医学者たちだった。岩崎洋治、岡村純、岩月舜三郎、藤堂悟……らの名前がスターツルの口から洩れた。

訪問していた当時、藤堂は当地の中心的外科医で、術者として数百例の肝移植を手がけていた。手術場ではひたすら無言。異名は「ゴッドハンド（神の手）」。がっちりした体躯に、九大時代、ラグビーのフロントローだったという面影が残る。帰国後、北大教授を経て故郷・久留米に帰り、聖マリア病院研究所の所長をつとめている。

スターツルとのインタビュー、別れ際に、私はシャムウェイと同じ質問をした。

「この三十余年、私がやってきたのは、患者を助けるために努力してきたということに尽きる。私の人生はただ、病気と闘うことにあったし、それ以外のどんな人生哲学ももっておりません」

そう答えつつ、途中でふっと表情を緩め、こうつけ加えた。

「……もう歳だからね、全体をみる管理職は苦手ではあるが、やらないと仕方ない。あなたも期待と現実が異なることはよくご存じでしょう。まぁ（フットボールの）老いたクォーターバックみたいなもんだな。毎日、さまざまな処理に追われてばたばたと過ごしていますよ」

日本社会にも移植医療が

シャムウェイもスターツルも、幾度か来日しており、日本の閉ざされた移植医療の状況はよく知っていた。ともに「やがて日本も変わっていくだろう」と口にした。

事態はゆっくりと変わっていった。

厚生省の研究班が脳死の判定基準を公表（一九八五年）、日本医師会生命倫理懇談会が脳死を人の死と認知（八八年）、脳死臨調の答申（九二年）、臓器移植法の施行（九七年）、高知で和田移植以来の臨床（九九年）、改正臓器移植法の施行（二〇一〇年）……。

脳死および移植にかかわる価値観は人それぞれである。私自身のそれは、取材を重ねるなかでつくられていったものであるが、ドナーおよびレシピエントの双方において、個人の生命観・人生観にもとづく自由な選択というもので、そのことはずっと動いていない。

この数年、脳死移植の症例数は、心移植でいえば年間数十例である。十年生存率は九〇パーセントを超え、世界のトップクラス。ただし、人口比率でのドナー数は最下位レベルで、移植を取り巻く厳しい環境は、依然、変わっていない。

けれども、長いスパンで見れば、日本社会もやがては変わっていくのだろう。内閣府の調査では、脳死になったさいに臓器提供の意思をもつ人々の割合は、「どちらかといえば」を含めて四割を超えている。若い世代の比率はさらに高い。運転免許書や健康保険証に「臓器提供意思表示」欄を見るのも自然なこととなっている。それが〝縁起でもない〟といわれた時代もあったのだが――。

きちんと生きていくことが恩返し

二〇一九年秋、広島で開かれた第五十五回日本移植学会に出向いた。「生体肝移植の現況」と題するシンポジウムのパネリストの一員に呼ばれた故である。これまで何冊か、この分野の拙著を刊行してきたからであろう。

移植医療に日本ほど苦労した国はない。今後もいばらの道が続くであろうが、研鑽を重ね、いっそう信頼される医療へと向上させていってほしい――という趣旨の発言をした。

懇親会では、二十年ぶり三十年ぶりに顔を合わせた医学者たちもいて、懐かしかった。そんな席で、ひとつ、うれしいニュースに接した。乾麻里子《いぬいまりこ》さん、お元気ですよ、と耳にしたことである。

乾は胆道閉鎖症という病をもって生まれた。幼年期に受けた葛西式手術がうまくいき、十代後半まで元気に暮らした。短大を卒業後、コピーライターとなったが、体調を崩すことが増え、胆道疾患の再発が判明する。

根治法は肝移植しかない。当初、国内では移植治療の主軸となっている生体肝移植を模索するが、家族に適応者がなく、脳死肝移植のウェーティングリストに登録する。万が一という確率ではあったが、二〇〇〇年、チャンスに巡り合う。

夕刻。東京・三鷹市に住む乾は、近所のファミリーレストランで、趣味のテニス仲間とおしゃべりをしていた。体調は良くなかったが、まだテニスができる状態にあった。

そこへ、京大医学部移植外科教授の田中紘一より乾の携帯に電話が入った。大至急、今日中に京大病院に入ってほしい……。当時、田中チームはとりわけ生体肝移植の分野で世界をリードしていたが、田中はスターツルのもとで短期研修をした日々ももっている。

新幹線の東京発大阪行き最終のぞみ号はすいていた。ふと、前方のニューステロップの文字が目に入った。

《A県で××目の脳死判定。肝臓は東京在住の女性へ。京大病院で……》

これ、私のことなんだ……。


乾が移植手術を受けたのが三十代半ば、ドナー肝は東北地方から運ばれたものだった。

幸い術後は順調で、やがて仕事にも復帰した。

長くこのテーマを追ってきたが、国内で生じた脳死者から肝移植を受けた患者に会ったのは彼女がはじめてだった。明晰な人で、移植を受けた意味についてこんな風に語った。

「私自身は何か誇れる体験をしたわけではないのですが、それでも体験したことを通して、何かを社会に返していきたい。まずこれからの人生をきちんと生きていきたい。それが、ドナーとなっていただいた人への恩返しかなと思っています」

社会復帰した乾は、趣味のテニスを生かし、「世界移植者スポーツ大会」の優勝者となり、『着物のふるさと・染め織り巡り』という著も刊行している。

拙著『生体肝移植─京大チームの挑戦』のラスト、私はこう書いている。

《……思い出していた。私にとってははじめての海外取材であった。スタンフォード大学に近いレッドウッドという町。原発性肺高血圧症から心肺移植を受けたロバータ・クメッツという女性をコンドミニアムに訪ねた日があった。白いブラウスを着ていた。首下から胸にかけて、手術跡の細い線がうっすら見える。くりくりした目がよく動く、明るい感じの女性だった。移植後、離婚をし、三人の子供を育てつつ老人ホームの看護婦をしているとのことだった。確か、彼女から同じ意味のことを耳にしたはずだ。

乾麻里子の自宅を辞して、通りを出るともう夕方になっていた。JR三鷹駅に向かって、街灯が灯る細い道を歩いた。久々、ほかほかするものがあった。長い旅路がいまようやく終わったことを、私は感じていた》

──久しぶりに乾さん宅に電話をした。幸い、その後もずっと健康体を維持し、免疫抑制剤も当初の半分程度に減っているとのこと。元気そうな声を耳にして、弾むものを覚えた。

シャムウェイは二〇〇六年に、スターツルは二〇一七年に亡くなっている。ともに新聞の外電で知ったが、良きパイオニアを失ったという思いがよぎった。

二人の医学者がいなくてもいずれ、移植医療の臨床は幕開いたろうが、かなり遅れたことは確かであろう。二人の先駆的な仕事は、世界的な規模で数多くの人々に福音をもたらした。

移植医療において結果として残る明暗は鮮烈である。劇的に回復し得た患者がいる一方で、術後不良で亡くなった患者、移植を望みつつチャンスのないままに終わった患者、ドナー提供を行った人の遺族……広島からの帰り道、これまで出会った人々の顔が走馬灯のように浮かんだ。思いはまとまらぬままいまに至っているが、自身、生と死にかかわる認識をいささかは深めてもらった。そのことに感謝の念がよぎった。

木庭教と長嶋清幸

慧眼にぬくもりを併せもつ
カープを支えた「凄腕」スカウト

プロ野球界において、スカウト・木庭教《きにわさとし》は知らぬ人なき凄腕《すごうで》のスカウトだった。長く広島カープに所属し、衣笠祥雄《きぬがささちお》、三村敏之、金城基泰《かねしろもとやす》、池谷公二郎、高橋慶彦、大野豊、達川光男、長嶋清幸、川口和久、高木宣宏、紀藤真琴《まこと》、正田耕三……など第一期カープ黄金時代を担った選手たちを入団させた。

カープは長く、弱小チームだったが、徐々にチーム力をつけ、一九七五（昭和五〇）年、古葉竹識監督のもとでセ・リーグ初優勝を遂げた。以降、波はあれ、強いチームであり続けたのは、このスカウトの寄与したものが少なくなかったろう。

カープ在籍三十年。その後、大洋、オリックス、日本ハムに在籍した。私が木庭にはじめて会ったのはオリックス時代で、選手獲得の秘話はもちろん興味深かったが、同じ比重で、木庭その人に興味を抱いた。大洋在籍時、ある選手をめぐって球団社長と対立した逸話を耳にして、である。

某選手の周辺調査をすると、親が暴力団関係者とわかり、球団社長はドラフトの対象者として検討することを拒んだ。家庭環境も考慮すべきことではある。ただ、社長の言い方がアタマから外すというものであったことに木庭は反発を覚えた。

「それは違うんじゃないですか。この子がヤクザというんじゃない。ファンは選手のプレーを見るために球場にやって来る。親の素行を見るためじゃない。だいたいプロ野球って何のためにあるんですか。国益という立場に立てばクソの役にも立っとりゃせん。健全娯楽の提供とか、青少年の健全育成だとか、もっともらしいことをいってきたじゃないですか。だったらそれくらい守ったらどうなんです。親の稼業によって野球界から排除されたらこの子の行ける場所はひとつしか残らない。それでいいのですか?」

上司に向かって、こう啖呵《たんか》を切る人とは何者なのだろう……。

なお、「この子」は、他球団に入り一軍選手として活躍した。

8月6日のヒロシマ

木庭は一九二六（大正十五）年、広島生まれ。広島商（旧制）時代は「球拾い」の野球部員だった。戦時下、広商を繰り上げ卒業して日大専門部に進むが、徴用で川崎にあった軍用機の部品工場等で働く。一九四五（昭和二十）年夏は、郷里・広島に一時帰省していた。

八月六日午前八時十五分、木庭は、友人の家を訪ねるために路上を歩いていた。上空でオレンジ色の閃光が走ったと思うと同時に地が揺れ、気がつくと瓦礫《がれき》の中に埋まっていた。原爆投下による死者は十万人を超える。爆心地に近い路上にいた木庭が死ななかったのが不思議に思えるほどである。

この日について、木庭は語ることが少なかった。人は語り得ることを語る。こうもいった。もうヒロシマのことは忘れたい、だけど、忘れようとしても忘れさせてくれないのがヒロシマなのだ、と。

木庭からある種の「反骨精神」を感じることがあったが、それは、生来のものに加え、被爆を含めた時代的体験に由来するものもあるように感じられた。

例年、夏の高校野球、甲子園での全国大会の初日は八月七日か八日である。住まいが横浜、東京に変わって以降も、木庭は五日に広島入りして一泊し、それから甲子園に向かうことを常とした。

朝、市内の街角にたたずんで両手を合わせ、黙禱《もくとう》する。花束を置くこともある。当日の慰霊祭や平和式典などの行事には参列しない。儀式類が嫌いなのだ。

大会初日、甲子園球場では国旗掲揚と国歌斉唱がある。スタンド下の通路で、その時間が過ぎるのを待って席に座る。大仰に、日の丸や君が代をどうこういいたいのではない。ただ、自

阪神甲子園球場で夏の高校野球選手権大会を観戦した木庭教と筆者（右）

身は唱和しないというだけである。

　あの日、広島の上空に走った閃光を、身をもって受けた若者の、戦後半世紀、持続する静かな意思表示である。


　広島カープが結成されたのは一九五〇（昭和二十五）年。幾度か経営危機に陥り、スタンドのあちらこちらに「募金樽」が置かれた。市民に支えられた球団という稀有の歴史をもつ。球団経営を担う事務局長の任にあった久森忠男は、元広商の商業科の先生で、木庭の恩師だった。

　戦後、木庭は、父方の郷里、岡山で証券会社に勤務していたが、野球観戦が好きだった。町中で久森と出会い、いい選手がいたら教えてくれよといわれ、県内の高校生の情報を手紙で知らせているうちに専従のスカウトに誘われ、受けた。一九五七（昭和三十二）年、三十歳。天職と出会ったのである。

自由競争の時代で、有力選手の交渉はすべて育成局長――局員は木庭一人であったが――の西野襄《じょう》が仕切り、木庭にあてがわれたのは地方の高校を回る「ドサ回り」だった。

山陰でいえば、まずは鳥取に入り、倉吉、米子と足を延ばし、松江、出雲、大田《おおだ》、江津《ごうつ》、浜田……と西下していく。高校の野球部監督と昵懇《じっこん》になり、人脈を作っていく。それがやがて、役立つ情報網となっていく。

西野より叩き込まれたスカウトの要諦はひとつ。いい選手をいかに早く見出し、いかに安く獲得するか――。それが薫陶《くんとう》のアルファにしてオメガだった。とりわけ後者は、カープにとって絶対条件であった。

いち早く有望選手を見出しながら資金不足で他球団にさらわれていく。仕方がない。またせっせと歩くことしかない。ハンディある球団に属したことが、木庭を名スカウトにしたのだろう。

のちに連続試合出場記録を樹立して「鉄人」と呼ばれ、国民栄誉賞の受賞者ともなった衣笠祥雄（京都・平安高出身）を獲得したのは、自由競争最後の年、スカウトになって八年目、一九六四（昭和三十九）年のことである。

「ワルがいい」

いい選手はだれが見てもいいと木庭はいう。ただ、好みがある。投手であればスラーッとした体形の選手、野手であれば体の芯に強さをもった選手、足だけは速いという〝一芸〟も歓迎だ。性格や素行は「少々の不良でもいい」――というのが木庭の好みであるようだった。

静岡の草薙《くさなぎ》球場だった。たまたまはやく球場に着き、静岡県自動車工業高校（現・静岡北高）の試合を見ていた。投手で四番を打っていたのが長嶋清幸である。お目当ての選手でもなんでもない。

小柄であり、投手としては「箸《はし》にも棒にも」であったが、バッティングが目を引いた。柔らかく構えた位置からスパッと切るようにバットが出る。理想的な振りで、足も速い。さらに、それ以外のことに注意を惹き付けられた。長嶋がバッターボックスに向かうと、スタンドから野次まがいの声援が飛んだ。

「おーい、ここでホームラン打ってみろ！」

野次も珍しくないが、その声に手をぐるぐる回して応える高校生は珍しい。さらに、本当に本塁打を打ったのには驚いた。

長嶋もこの日のことは記憶している。自身、「調子もの」であり、「のり」がよかった。その勢いで打ったという。

長嶋を追うにつれて、木庭の耳にも若者の風聞が伝わってくる。どうやら「札つきのワル」だというのである。そりゃ面白いじゃないか――と木庭は思った。

ワルがいい――木庭がよく口にしたことである。「ヤンチャ坊主」というほどの意味である。品行方正、真面目でおとなしい――という若者は、一般社会では歓迎されるが、プロ世界で熾烈《しれつ》な競争をかき分け、伸《の》し上がっていくのはむつかしい。少々ワルの方が生命力があり、ここ一番の勝負どころで仕事をする。それに、ワルはまた、どこかで純なるものを宿しているものだ。

長嶋によれば、「田舎の暴走族まがいのグループのメンバー」であり、警察のやっかいになったことも何度かある。野球少年でかつヤンチャ少年。近所で「長嶋」という名を知らぬ者はなかった。前者ではない。後者によってである。静岡は中日ドラゴンズの準地元であるが、長嶋によれば、中日球団のスカウトは一度も接触してこなかった。「素行の悪さによって」、という。

一九七九（昭和五十四）年秋のドラフト。長嶋への指名はなかった。木庭は他球団の指名はないと踏んだ。ドラフト外なら契約金も安くて済む……。

自宅は、農村部の小笠《おがさ》郡浜岡町。長嶋の兄が静岡駅に迎えにきてくれた。弟とよく似た顔立ちの青年で、頭はパンチパーマがかかっている。こりゃ頼もしそうな一家だと木庭は思った。

農家の座敷の広間に、両親、親類などがずらりと顔をそろえて待ち構えていた。一同を前にして木庭は熱弁を振るった。

ドラフト外ということで気分を悪くされておられるだろうが――からはじまり、広島カープの歴史からチーム事情、さらに広島という町のあり様まで語りつつ、本題へと入った。言い回しは率直だった。

「お父さん、お母さん、こういっちゃ失礼だが、息子さんは相当のヤンチャ坊主です。この子が東京や大阪の球団に入ればどうなるか？　まずろくことにはなりゃせん。赤い灯、青い灯だってごまんとある。映画スターもおれば歌うたいも大勢いる。広島は田舎だから、スターといえば野球選手ぐらいのもんだ。ネオン街で遊びほうけておれば、すぐにファンからの通報がくる。おちおち酒も呑んでおれん土地柄なんです。この長嶋君にはもってこいの球団だと踏んでおるんです……」

こういうものの言い方をする人物は長嶋にははじめてだった。両親も親類もポカーンとした顔で聞き入っている。木庭の演説が終わると一同、「よろしくお願いします」と頭を下げていた。

言葉以前の部分で通わせる

高校を出れば野球はもういいと長嶋は半ば思っていた。そこへプロ入りである。まぁここで三年ほどぶらついとりゃいい、そのうち目途《めど》もたつだろう——という気持で宮崎のキャンプ地に出向いた。「ドラフト外」というこだわりも残っていた。

キャンプ一日目。帰り道、こう思った。こりゃ一年で馘《クビ》になるわ、と。主力打者のフリーバッティングは凄まじかった。山本浩二、衣笠、水谷実雄、ライトル……。白球はピンポン玉となって外野スタンドに消えていく。

物おじしない若者も、ただ小さくなっているしかなかった。

新人の高校生。フリーバッティングなどさせてもらえない。他の新人はコーチのアドバイスなどを受けている。長嶋に声をかけるコーチはいなかった。

ドラフト外の扱いはこんなもんか——。拗《す》ねて、ふてくされた。

夕方、やっと鳥カゴに入ってマシーンの球を打った。打球が満足に外野に飛ばない。恥ずかしかった。そのとき、山本浩二がかけてくれた言葉をいまも長嶋は覚えている。

「お前、ちょっとこっちへ来い」

「はい……」

1984年日本シリーズ第７戦の６回、同点本塁打を放った長嶋

「振ってみろ」
一九八〇（昭和五十五）年春。〝世界の王〟に代わり、山本が球界を代表する打者になろうとしていた。無名の新人にとっては文字通り、雲の上の人である。じっと長嶋の素振りを見ていた山本は、ひと言、こういい残してすたすたと立ち去って行った。

「こいつ、実にいいスイングしとるわ」

何がなんだかわからない。高校時代と同じようにバットを振っただけである。

その後、そのひと言を何度反芻《はんすう》したことだろう。挫《くじ》けそうになったとき、何度その言葉を思い出したろう。世にもし〝黄金《こがね》の言葉〟があるとするならそれだった――。

長嶋が一軍のレギュラーになるのは、ようやく入団四年目あたりからである。背番号は

「0」で愛称は「マメ」。センターを守り、打順は山本、衣笠に続く六番。脚はやく、肩強く、四度ゴールデングラブ賞を獲得している。

私の記憶に残っているのは、一九八四（昭和五十九）年、阪急ブレーブスとの日本シリーズである。阪急の投手陣が、山本・衣笠の両砲を抑えてほっとしたところへ長嶋が痛打する。阪急の大エース、山田久志などから三本のホームランを放ち、カープ三度目の日本一の立役者となり、シリーズの最優秀選手に選ばれている。

入団後、選手とスカウトの関係は淡いものとなるが、長嶋にとって木庭の存在は大きいものであり続けた。「不思議な人」であった。

木庭は、西区にあったカープの寮、三省寮《さんせい》に〝寮長〟（球団から任命されていたわけではない）として住んでいた。長嶋も寮住まいであり、時折、顔を合わせる。普段は「やさしい人」だった。おう、がんばっとるな——。そんな短い励ましの言葉をかけてくれる。好々爺とも映る人物だった。

そしてときに「怖い人」だった。寮の門限を過ぎて、深夜こっそりと帰ってくる。翌日、「昨日はどこへ行っておったんだ」と注意される。オッサン、どこで見ていたんかなぁ——と思ったものだ。眼が怖かった。かつて補導された警察署のオマワリの眼に似ていた。

プロをなめるんじゃない——。静かな口調でそういわれたことがある。そのひと言は、古葉監督の鉄拳よりなお怖ろしく響いた。

木庭から言葉として多くを耳にしたことはない。けれども、人は言葉以前の部分で互いを通わせていく。老スカウトが自分のことを案じてくれているのがわかるのである。

広島市民球場での試合が終わると、ダッグアウト裏の狭い通路で、木庭がぽつんと立っている日があった。ヒットを打った日、ファインプレーをした日。無言のまま、通り過ぎる長嶋に祝福の視線を投げかけてくるのだった。その眼を見たいと思って、打ち、走った日がある……。

長嶋はカープに十一年在籍し、中日、ロッテ、阪神を含め十八年間、現役生活を送った。私が長いインタビューをしたのはタイガースの打撃コーチ時代であったが、率直で明瞭、加えて、どこか「ヤンチャ少年」の面影を残す人だった。

野球少年の夢をふたたび

——春から夏にかけて、関東、東海、近畿、中国、山陰……の地方球場を訪れた。立派な球場もあれば、グラウンドの周りを山盛りした程度の素朴な球場もあった。バックネット裏の固い椅子に木庭と並んで座る。

スカウトたちはバックネット裏に座る。この位置からでないとスピードガンが使えないからだ。本邦ではじめてスピードガンを持ち込んだのは木庭であるが、持参しない日もあった。十球も見ればわかるから、である。

夏の盛りになると、木庭は手に団扇、帽子の上には白いタオルが載っている。同行する機会が増すにつれ、私も同じスタイルになっていった。夏の炎天下をしのぐには、団扇とタオルに勝るものはない。

空青く、白雲たなびき、木々は緑に染まり、足もとにアリンコが這っている……。

お目当ての選手を見詰め、のんびりと野球観戦し、帰り道に喫茶店に立ち寄り、昔話に耳を傾け、雑談する。そんな日々を足かけ三年、送った。老スカウトとの旅路、退屈したことは一度もなかった。

拙著『スカウト』を書く目的があってのことだが、当初の心づもりでは一年だったのが、三年に延びた。要領の悪い取材行のせいだったが、要は、そんな日々が楽しかったからだと思う。

選手を見詰める木庭の視線は、冷静で、冷ややかでもあった。スカウトに必要なのは、彼がプロの素材として通用する可能性があるかどうか、人間を野球という機能面において解析し、予測を立てることである。それ以外のことは求められていない。

ただ、一方で、野球少年を見詰める視線には、どこかぬくもりがあった。いわば人間としての選手を見詰める目である。複眼であることが、この人を名スカウトにしたのではないか。幾度か、そう思った。

自身が手がけたなかで、一軍に定着して活躍する選手は三人に一人出ればいいほうだ。スカウトも三割打てば一人前という。数からいえば、プロでは花開かず、去っていく選手の方が多い。木庭は第二の就職探しにも熱心だった。木庭の個人ルートで競輪界に転身し、A級選手になった者もいる。

なぜスカウトであったのか――。

「戦争でいったん、野球少年の夢が断ち切られてしまったでしょう。だから、いつまでも夢を見続けてきたのかもね……」

木庭が日本ハムの顧問スカウトを退いたのは七十二歳の日である。東京のマンションを引き払い、岡山・倉敷の地で引退生活を送っておられたが、二〇〇八年、訃報に接した。しばらくして、トヨカ夫人より、拙著を棺に納めさせてもらいました、というお便りをいただいた。

取材中、夫人に会うことは一度もなかったが、随分と親しい間柄になったような気持でいた。木庭が不在の折は、連絡やスケジュールの確認を夫人との電話を通してやっていたからだ。夫人はいつも「木庭は……」という主語をつけて、明瞭で気持のいい話し方をする人だった。

今年も、やがて夏が来る。あの老スカウトともう一度、地方の球場を歩いてみたい。ふと夢想しているときがある。

チャスラフスカとクチンスカヤ

東欧・ロシアが生んだ五輪の名花二輪
生国の運命に巻き込まれた人生

プラハから送られてきたファックスには冒頭、こう記されていた。

《節義のために。それが正しいとする気持はその後も変わらなかったから》

送り手はマルチン・ヴァチカージュ。チェコ滞在中、コーディネートおよび通訳を引き受けてくれたチェコ人である。カレル大学哲学部日本語学科の卒業生で、日本語の読み書きも堪能な人だった。

このように答えたのはベラ・チャスラフスカ。女子体操選手で、一九六四（昭和三十九）年、東京オリンピックでの個人総合優勝者である。私は高校生、テレビ画面で、ベラの妙技を見詰めていた。比喩的にその姿をいえば、開花する寸前の赤いバラ一輪というもので、なんとも好ましいものだった。

当時、チェコは「鉄のカーテン」内にある社会主義国家だった。四年後のメキシコ五輪、チャスラフスカは個人総合で連覇を果たすが、この年、チェコ国内では、〝人間の顔をした社会主義〟を掲げた改革運動「プラハの春」が巻き起こっていた。運動を支えたものに、言論の自由、検閲の廃止、市場経済の導入などを訴える「二千語宣言」がある。チャスラフスカもこの宣言への署名者だった。

夏、チェコに侵入したソ連軍の戦車が「プラハの春」を押しつぶす。

長い冬の時代がはじまり、署名者たちが次々と署名を撤回するなか、ベラは非撤回者であり続けた。体操チームのコーチ職に就けず、清掃の仕事に携わった時期もあった。撤回さえすれば祖国のヒロインとして生きられたはずなのに。なにゆえであったのか……。

「プラハの春」から二十一年後の一九八九年（平成元）年、世界は激震した。ベルリンの壁は東側から打ち破られ、東ドイツ、ポーランド、チェコ、ハンガリー、ルーマニアなど東欧社会主義圏の、さらに総本山・ソ連の体制が覆っていく。

チェコでは、流血を避けた「ビロード革命」が成就、大統領には、冬の時代、抵抗を貫いた作家ヴァーツラフ・ハヴェルが就任する。ハヴェルに請われ、チャスラフスカは大統領顧問に、さらにオリンピック委員会の会長にも就いている。彼女は復活した。長女ラトカ、長男マルティンを連れ、にこやかな表情で来日した日もあった。

けれども束の間の晴れ間だった。プライベートな出来事が要因で鬱的となり、公職を退き、家族以外、だれとも会わなくなった。私がチェコに滞在した一九九九年春、インタビューを申し入れたが実現しなかった。やむを得ず、ヴァチカージュに彼女宛ての質問を託して帰国したのだが、なぜ二千語宣言の署名を撤回しなかったのか、という問いを冒頭に置いた。

ベラとヴァチカージュは旧知の仲である。療養中の病院を訪ね、口頭での答えを得てくれた。それがファックスに記されていた文言である。

節義のために——。久々、美しい日本語を見た思いで、幾度もファックスを見やった。彼女に何が起きたのか、そもそもベラその人は何者なのか。チャスラフスカへの長い旅がはじまった。

〈生き方の思想〉をもつ人

ベラがメキシコ五輪から帰国した秋、「プラハの春」は終息させられ、共産党第一書記（のち大統領）には「モスクワの忠実な代理人」グスターフ・フサークが就いていた。プラハ城で、五輪で活躍した選手たちの祝賀会が開かれ、銀の食器が贈られたが、チャスラフスカはこれを突っ返している。

冬の時代——当局からすれば「正常化」時代であるが——チャスラフスカは幾度も署名撤回を迫られるが、頑として拒み続けた。ナショナルチームのコーチ職には就けず、数年後、ようやく認められたポストは、子供たちの体操教室のインストラクターだった。

1964年東京五輪体操女子の個人総合で優勝したチャスラフスカ

日体大OBで、女子体操チームのチームリーダー（ヘッドコーチ）を長くつとめた荒川御《み》幸《ゆき》はチャスラフスカと親交深き人物であるが、この時期、プラハでベラと会っている。これが、名花と呼ばれ、二度オリンピックチャンピオンとなった選手に与えられる職場であるのか……。体育館での光景を見つつ涙がこぼれた。

かつての栄光を知る荒川にはよけい、みじめな姿を見せたくないと思うのが人情であろう。いや、そうではない。だからよけい、本当の自分を知っておいてもらいたいということなのだろう……。その後も、二人の交流は長く続き、ベラの来日時、いつも荒川が段取りを仕切った。

冒頭に引いたファックス。チャスラフスカはこう続けている。

《もし署名を撤回したなら、毎朝、鏡を見ながら髪をとかすときに、自分の顔を正面から見詰めることができなかったでしょう。私は卑怯者や詐欺師にはなりたくはなかった。署名はだれからか強制されたものではなく、「プラハの春」の自由を信じたまでのこと。残りの人生、地位やおカネのために自分に背きたくはなかったのです》

ベラは別段、政治好きの人ではなかったし、思想的人間でもなかった。ただ、それをもし思想と呼んでいいのなら、〈生き方の思想〉をもつ人だった。

ビロード革命の日々、プラハの目抜き通り、ヴァーツラフ広場は連日、集会とデモ隊で埋まった。クライマックスは一九八九年十一月二十四日夕、市民フォーラム代表でのちに大統領となるハヴェルなどがバルコニーに立った。チャスラフスカの姿もあった。

バルコニー前の人々の中に、チャスラフスカの長男、マルティンもいた。母に内緒で集会に参加していたのである。母が何を語ったのか、よく聞き取れなかった。覚えているのは、話し終えたとき、どの演説者よりも拍手が大きかったこと。そして、肩を接して立っていた老婦人が、「ああ、私のベラが……」とつぶやきながら滂沱《ぼうだ》していた姿である。

大統領顧問（無給）となったチャスラフスカに、プラハ城内の一室が与えられた。担当は福祉で、大統領府に寄せられる膨大な手紙を読み、返事を書き、場合によっては直接会いに行くことを繰り返した。

《……ビロード革命の最中、彼女に会って感銘を受け、一緒に働くことを誘いました。彼女は、苦境にあり、希望のない状況に置かれていた人々をサポートすることにたゆまず働き続けました。大統領府における日々は、前例のない、エキサイティングなものでした。この当時の記憶は、ベラの献身なしに思い浮かべることはできません》

ハヴェル大統領に、インタビューを申し入れていた。実現はしなかったが、チェコ大使館を通して受け取った返書（英文）の一節である。

激動の日々から十年、マルティンはピルゼン大学法学部の学生となっていた。「事件」が起きたのは高校生の日である。

――ディスコバーのフロアで、父ヨゼフ・オドロジルと出くわした。随分と酔っ払っていて、口論となって突き飛ばしたところ、父は転倒して頭を打った。ひと月後、父は亡くなる。もちろん、傷つけるつもりも殺すつもりもなかった……。

オドロジルは元軍人で、東京五輪の陸上千五百メートルの銀メダリスト。ベラと結ばれ、二児を授かるが、マルティンの幼年期に離婚している。親権は裁判を経て母親に与えられた。

世に、男女の破綻は無数にある。けれども、別れた夫を、過失の上とはいえ息子が死に至らしめる。ヴァチカージュのいうごとく、「ギリシャ悲劇」だった。事件はベラを打ちのめした。身心に変調をきたすのはこれ以降である。

マルティンに懲役四年の判決が下るが、収監されてまもなく、「大統領特赦」で釈放されている。辛かったのは有罪判決を受けたことではなく、母を苦しめ、その人生を狂わせてしまったことだといった。

「特赦」は別段、チャスラフスカが個人的ルートを使ったものではない。ただ、そう思い込んだ人々もいた。一部のメディアは〝反ベラ・キャンペーン〟を張った。正常化時代、ベラのように毅然《きぜん》として生きたのは少数である。逆バネのジェラシーが加味され、根拠なきキャンペーンが続いた。

母は静かな場所を好んだ。少年期、人気のない川や草原で、風景画に絵筆を振るう母の側で遊んだ記憶が残っている。母の愛読書は、ヴィクトル・ユーゴーとドストエフスキー。音楽では、スメタナの『わが祖国』とドボルザークのチェロコンチェルト。

ベラ・チャスラフスカ――。彼女の名から浮かぶ人物像は、古き良き〈規範〉に生きた人、というものである。いまや遠くに去って、半ば滅んでしまったところの。

メキシコの花嫁

メキシコ五輪、チャスラフスカには強力なライバルが現れた。ソ連の新星、ナタリア・クチンスカヤである。年齢は七歳下、レニングラード（現サンクトペテルベルグ）大学の学生だった。

この二年前、ドルトムント（西ドイツ）で開かれた世界選手権の個人総合で、クチンスカヤはチャスラフスカに次いで二位。チャスラフスカはこう回想している。

《メキシコ大会で現役を退きましたが、最初にそれを意識したのは、ドルトムントでクチンスカヤを見たときです。彼女は若く、際立って美しかった。これからはきっと彼女の時代になる。対抗するのはむつかしくなると思いましたが、同時に、ライバルとして競い合いたいという衝動も起きました》（『女子体操の歴史Ｉ』でのインタビュー）

ドルトムントでの段違い平行棒では、クチンスカヤが一位、日本の中村多仁子《たにこ》は三位に入ったが、クチンスカヤを「見とれるほどに可愛かった」と評している。

メキシコは、新旧の女王を決める大会となった。個人総合の優勝争いは、段違い平行棒でクチンスカヤが落下することで決着がついた。

——落下したときの気持は？

「ああ、落ちちゃった！　という感じ」

——ひどく落胆しました？

「そうでもなかったと思いますよ。だって落ちてしまったものは仕方ないもの」

問答から伝わってくるのは、屈託のなさ、潔さ、というもので、彼女が生来持ち合わせたものなのだろう。

個人総合の成績はチャスラフスカ一位、クチンスカヤ三位。種目別の平均台ではクチンスカヤが一矢報いた。

チャスラフスカにとってメキシコは、祖国の苦境を背負った大会だった。試合会場でソ連の国旗が上がると、そっぽを向き、ソ連選手を睨《にら》みつけている写真が残っている。会場に入る前、すでに勝負は決まっていたのかもしれない。ただ、そのようなものを背負って競技に臨むのは、どちらかといえば不幸なことだろう。〝国際運動会〟でのびのびと振る舞ったのはクチンスカヤだった。

それまで二人は、大会などで顔を合わせると親しく挨拶を交わしていた。が、メキシコでは口もきいてくれない。

「どうしていいのか、わからなかった。思ったのは、ベラは政治にかかわる人であって、私はそうじゃなかったということ。きっと私が嫌われているんじゃないと思っていた。ベラの振る舞いに、いまならもっと共感を寄せられるかもしれないけれど……」

会場の雰囲気もそうで、ソ連の選手はまるで敵役《かたきやく》だったが、クチンスカヤだけは別。拍手と声援が飛ぶ。可憐な娘が一人で、祖国の悪評を緩和している感があった。

クチンスカヤのメキシコでの別名は「メキシコの花嫁」。会場の国立公会堂を一歩出ると、サインを求める人々に取り囲まれた。夜は連日、陽気なメキシコの男たちが宿舎に押しかけ、窓から〝音楽団〟が奏でる愛のセレナーデが聞こえてくるのだった。

ソ連からロシア・ウクライナへ。クチンスカヤの人生もまた流転した。

現役を退き、ウクライナのキエフ（キーウ）大学で体育学を習得、旧ソ連合同チームのコーチをつとめ、民放テレビのスポーツ解説の仕事にも携わった。この間、複数の結婚生活があった。

一九九〇年代前半であるが、クチンスカヤは日本で暮らしている。大阪・泉佐野市の総合体育館および「なんば体操クラブ」のコーチとしてである。体育館館長で、国際体操連盟技術委員、日本体育協会理事などをつとめる張西芳枝《はりにしよしえ》が世話をした。

張西によれば、日本語はできなかったけれども、クチンスカヤは実にフレンドリーなコーチで、市民や子供たちに慕われた。お正月は着物姿となり、祭ではハッピを着て御輿《みこし》を担ぎ、稲刈りの季節にはトラクターにも乗った。屈託のない表情の写真が残っている。

帰国後、クチンスカヤはキエフに落ち着いたが、ウクライナの元サッカー選手、アレックス・コトリアと知り合う。

「共産党嫌い」だったコトリアがいちはやくロシアを出てアメリカに居住し、生活が落ち着いたところでクチンスカヤを呼び寄せた。

居住地はシカゴ郊外、パラティンという町で、コトリアは眼鏡店兼光学機器の販売を営み、クチンスカヤは当地の体操クラブでコーチをしているとのことだった。ともに国籍はウクライナ、アメリカでの永住権（グリーンカード）を保持している。

クチンスカヤは五十代半ばであるが、若々しい。居間の飾り棚に、立派な日本人形が置かれていた。スシ、テンプラ、カレーウドン……みんな大好きとのこと。愛想のいい、フレンドリーな婦人だった。『女子体操の歴史Ⅰ』（英文）は手もとに二冊あるからと、プレゼントされたものである。

「ベラはとても強い人」と語るクチンスカヤ

一九八七年。メキシコ五輪からいえば十九年後、ビロード革命の二年前ということになるが、モスクワで開かれたヨーロッパ選手権で、クチンスカヤはチャスラフスカと顔を合わせている。当局の〝軟禁状態〟が緩みはじめた時期で、チャスラフスカが審判として国外に出た最初の大会である。互いに近況を語り合ったが、メキシコでのことは口にしなかった。それが二人の、最後の面談の機会となっている。

チャスラフスカについてこう

話した。

「私はベラをライバルと思ったことはありません。ずっと尊敬すべき最高の体操選手と思ってきた。その気持はずっと変わらなかった。メキシコでの行き違いは小さな出来事にしか過ぎません」

ベラはとても強い人――とクチンスカヤは繰り返しいった。クチンスカヤもまた強い人なのだと私は思う。

一九六〇年代から七〇年代へ、八〇年代へ、九〇年代から現在へ。それぞれの生国の運命に巻き込まれ、人生は揺れ動いた。流れ方の印象をいえば、チャスラフスカは流れに向かって全身で抵抗し、クチンスカヤは流れにふんわり乗って、あるいは柳に風と受け流しつつ、泳ぎ渡ってきたように思える。

クチンスカヤへの批判ではない。時代が激動し、体制が覆り、どの国に移り住もうと、個人としてたくましく生き抜いていく。多くの人々がそうなのであって、そのことをもって強いというなら、クチンスカヤこそ強き人なのかもしれない。

これからの取材予定は？　と問われ、近々、もう一度プラハに入るつもりですと答えた。クチンスカヤは二階の自室に入り、コトリアとのツーショットの写真を手に戻ってきた。ベラに会ったら手渡してほしいという。裏に、ロシア語のボールペン字でこう記した。

《ラブリー、ベラ。すっかりごぶさたしています。いま私はアメリカに住んでいます。横にいるのが夫のコトリアです。ゴトウさんといま、あなたのこと、いろいろとお話ししました。お元気で。いつか会えることを楽しみにしています。　ナターシャより》
会うことができれば必ず渡します、と私は答えた。

いまも赤いバラ一輪のまま

締めくくりの取材としてプラハを再訪したのは二〇〇三年のこと。周辺取材としていえば実り多き旅であったが、一点、ベラ・チャスラフスカにかかわることでは良きニュースはなかった。北モラビアの知人の家に住みつつ、病院と地域のケアサービスを受けているとのことだった。
拙著『ベラ・チャスラフスカ』のラスト、私はこう書いている。
《ベラ・チャスラフスカによぎる言葉を列記すれば、〈信義〉〈規範〉〈倫理〉〈献身〉……といった類の言葉である。いまやほとんど死に絶えたような言葉。けれども、時空を超えて不易なるものはこのような言葉に付随する精神の形である。打ち続く戦争と偽りの革命――。それがわれわれの生きた世紀だった。過酷な時代と不条理なる運命を全身で引き受けつつもなお、個の精神が侵されることはない。たとえ、病み、老い、衰えても。ベラの回復を祈る》
年月が過ぎていった。

朗報に接したのは二〇一〇年七月、京都新聞（共同通信）に掲載された記事で、「……身心を病んで、十年以上、周囲との接触を断ってきたチャスラフスカがようやく、笑顔を取り戻した。オリンピック委員会やチェコ・日本友好協会の活動も再開している。ハンディキャップを背負った子供たちを支える財団を作りたいと語った」というもので、近年、もっとも心弾む記事だった。

また年月が過ぎた。

「……チャスラフスカがすい臓ガンに冒され、余命宣告を受けている。『二〇二〇年の東京五輪には是非行きたい』と話していたのが、『雲の上から大好きな日本に向かって手を振ります』に変わった」（二〇一六年七月）

しばらくして訃報が流れた。享年七十四。

これ以前、人づてに、二度目の東京五輪時には来日しますのでそのさいに会いましょうという伝言が届いていた。その折には、クチンスカヤから預かった写真も手渡すことができるだろう……と心づもりしていたのであるが、実現することなく終わった。残念である。

私のなかのベラ・チャスラフスカは、その〝精神の像〟ということでいえば、いまも一九六四年東京の、赤いバラ一輪、のままである。

谷川浩司と羽生善治

「二人で一作をつくっている」涼しき天才、無二の激闘譜

二〇〇三年八月、お盆前の、夏の盛りの日であった。第四十四期王位戦、第三局は有馬温泉・中の坊瑞苑で行われた。王位・谷川浩司、挑戦者が竜王・名人・王将・王座の四冠を保持する羽生善治《はぶよしはる》。

対局室は広々とした和室で、青畳の匂いが香ばしい。中央にキツネ色をした将棋盤。盤上に、つややかな光沢をたたえた駒が並ぶ。かすかな蟬《せみ》の声と空調音以外、まったくの無音である。ときおり、ことり、ことり、と駒の音がする。凜《りん》と張り詰めた勝負の空間は静謐《せいひつ》だった。

前日の朝よりはじまった対局、後手谷川のゴキゲン中飛車模様から変形し、前例のない力将棋となった。この日の夕刻になって、勝負は佳境を迎えた。谷川の攻めが続くが、羽生の王を捕らえ切れない。攻め切るか、入玉するか、一手指す方がよく見える。

外は闇。両者、無言のまま、「うーん」「ふーっ」「はーっ」と、くぐもった音を洩らす。将

棋とは、頭脳と肉体を酷使するロングランの格闘技である。

両者持ち時間を使い切り、一分将棋となる。羽生の駒音が高くなる。勝ちを読み切ったのか……。私の棋力では勝敗の帰趨《きすう》、まったくわからない。記録係の秒読みの声が聞こえるなか、息詰まる応酬が十数手続いた。ノートをめくる微音さえ、場の気配を乱すようではばかられる。

午後七時四十一分。「負けました」。羽生の、澄んだ声が聞こえた。「いや、どうも」。谷川が小声で答えた。場の空気はにわかに緩み、穏やかになった。背後の襖《ふすま》が開き、人々が入ってきた――。

本局、立会人の内藤國雄九段は「名局」と評した。内藤は「神戸組」の総師。谷川との出会いは古く、神戸・三宮の広場で開かれた「四十局同時指し」の駒落ち将棋で、谷川は小学二年生だったとか。

内藤は多芸で、歌は玄人《くろうと》はだし、「おゆき」というヒット曲もある。控室で耳にした谷川・羽生論は含蓄深いものがあった。「神武以来の天才」といわれた加藤一二三元名人とは同世代である。

「本当の天才というのは涼しいよね。加藤（一二三）さんもいまは暑苦しいけど（笑）若い頃は涼しかった。いまの谷川・羽生のようにね。ひねくれたりねじれたりしないのはもって生まれたものでしょうが、勝負の世界ですからね、人間、勝つことによって良きものがいっそう磨かれていく。二人を見ているとつくづくそう思いますね」

1990年3月、全日本プロ将棋トーナメント決勝3番勝負の第1局。谷川浩司名人（右）と対局する羽生善治竜王

涼しいとは、立ち振る舞いのすずやかさ、あるいは人格的なものを指してのことであろう。谷川・羽生と接しつつ、よく思い出される評だった。

谷川浩司は一九六二（昭和三十七）年、神戸・須磨区にある浄土真宗系のお寺、高松寺の住職の次男として生まれている。

五歳の日、兄弟喧嘩が収まればと思って、父が文房具店で将棋盤を買ってきた。五歳上の兄・俊昭は、のち灘高を経て東大に進み、将棋部の主将になったことはよく知られている。卒業後はメーカーに入り、アマ強豪として活躍した。

谷川は将棋の英才が歩む道を進み、中学二年でプロ棋士のライセンス、四段位を得る。十九歳で八段、二十一歳で加藤一二三名人を破り、史上最年少で棋界の最高位に就く。

多才で、酒を愛した芹沢博文九段は、谷川がまだ四、五段時、「最低、名人」という最大級の言葉を付与している。芹沢は秀抜でときに辛辣《しんらつ》なエッセイを書くことでも知られたが、谷川の登場する観戦記、こう締めくくっているものがある。

《筆者、将棋を知って三十余年、これほどの者を初めて見た。その才、真に豊かである。その所作、真に見事である。将棋は人の指すものである。人が指す以上その人の人間性が盤上に現れる。豊かな心の者は豊かに将棋を表現する。……将棋界は宝を得た。谷川を見ていると自然に心が和《なご》んで来るのがいつものことである。清流を見ている思いがする》

「前進流」「光速の寄せ」――谷川将棋の異名である。駒が前に行く攻め将棋、とりわけ終盤の、肉を切らせて骨を断つ寄せの鋭さと迫力に多くの将棋ファンが魅了された。私もその一人である。

ところで、盤上での〝過激さ〟とは逆に、谷川その人は、穏やかでもの静かな人である。何かを尋ねる。「まあ、そうですね……」と、ひと呼吸置いて咀嚼《そしやく》した言葉が返ってくる。問いをそらすことはない。正面から受け止めた答えが返ってくる。芹沢のいうごとく、「清流」の人であった。

玄人たちも驚嘆の一手

羽生善治は一九七〇（昭和四十五）年生まれ、埼玉・所沢の出身。谷川より八歳下である。同じように英才コースを歩むが、将棋ファンの度肝を抜いたのは十八歳の五段時、一九八八年度NHK杯での勝ちっぷりであろう。

三回戦・大山康晴（永世名人）、準々決勝・加藤一二三（元名人）、準決勝・谷川浩司（名人）、決勝・中原誠（前名人）と、歴代名人をなぎ倒して優勝した。

加藤との対戦はユーチューブでの録画映像で見ることができる。羽生は坊ちゃん刈りの、少年然とした姿で映っている。急戦模様で一気に終盤となり、加藤が攻め切ったかとも映る局面。先手番の羽生が、相手王の側面に、ひと筋おいてぽつんと打った「5二銀」で決着がついた。何で取っても即詰みである。

「おーっ、やった！」というのが解説者・米長邦雄九段（のち名人）の声。ベテランのNHK杯司会者・永井英明（『近代将棋』編集長）の「これは何ですか？・」という声も収録されている。玄人たちに驚嘆の声を生じさせる一手であった。

翌一九八九年、羽生は島朗《しまあきら》・初代竜王を破り、十九歳で竜王に就く。

一九九〇年代から二〇〇〇年代前半にかけて、谷川・羽生の二人が棋界のタイトルを争った。冒頭の王位戦まででいえば、両者の対局は百三十四局。羽生七十九勝、谷川五十五勝となっている。

振り返って、対羽生戦、三つの節目があったと谷川はいう。

第一期は、谷川が棋界の第一人者として、挑戦者の羽生を迎え撃った時期である。羽生を代表とする新世代は「チャイルド・ブランド」とも呼ばれた。将棋というゲームを体系的に解くことを企図し、序盤から中盤にかけての戦術を大いに進歩させた。終盤のスピード重視という谷川とは異質だった。

第二期は、タイトルの防衛・挑戦の立場は入れ替わったが、対羽生戦、谷川の分が悪くなった時期である。中盤あたりまで優位を保ちつつ、逆転負けするケースが増え、「羽生マジック」とも呼ばれた。

羽生マジックとは、妙手という指し回しだけではなくて、相手が間違いを起こしやすい局面にもっていく手で、優れた勝負術でもあった。

一九九六（平成八）年二月十四日——という日を谷川は覚えている。保持していたタイトルの王将位を、羽生に〇—四のストレート負けを喫して失い、無冠となった。羽生七冠誕生を予期し、対局場には大勢のマスコミ陣が押しかけていた。

「辛い日ではありましたが、他の棋士ではなく、羽生さんに目の前で七冠を達成されてよかったとも思いました。吹っ切れたといいますか、もう一度技量を磨いて挑戦したい。それで勝てなければ仕方がないんだと。振り返っていえばですが……」

島朗は、自著のなかでこう書いている。

《七冠王が誕生した時に、谷川は何と言ったか。これには棋士たちは仰天した。

「羽生さんに対してもファンの方たちにも申し訳ない将棋を指してしまった」

これぞ谷川浩司の究極の発言である……。このような異常な中で行われた対局であれば周囲に向ってひと言あって当然ともいえたが、あらゆる苛立ちなどを押さえて、このような言葉を残したのである》

もちろん谷川も人の子である。気持の切り替えがすぐにできたわけではない。

夏、駒の生産地として知られる山形・天童《てんどう》で開かれた将棋祭に招かれ、子供たち相手に駒落ちの多面指しをつとめた日がある。会場は野外で、汗をたらたら流しながら懸命に考え込んでいる子供たちの姿は、遠い日の自身の姿を思い起こさせた。そうなのだ、ただ無心に好きな将棋を指せばいい……。

やがて第三期がはじまり、勝利と敗北が入り混じる時期が続いていく。

羽生に、谷川と谷川将棋について訊いた日があるが、もっとも深い理解者はこの人だと思えた。逆もまたいえるのだろう。盤を挟んで二人が対峙した時間はトータル二千時間を優に超える。

奥さんと過ごした時間に匹敵しますかねと水を向けた。「確かに。どちらが長いか、はかりかねるところはありますね」と、微笑を含んだ答えが返ってきた。

互いに、相手が何を考えているかがわかる。指し手とは棋士の思想である。二人は互いの思想を披露し、うなずき、否定し、それを超えようとして心血を注ぐ。相手の妙手をそらすのではなく、「最強の手」をもって応えるのが羽生の、また谷川の流儀であった。だから、名局が生まれたのである。

谷川流の光速の寄せをこう話す。

「他の棋士が十手前から勝ちを読み切るとすれば、谷川さんは二十五手前から読んでくる。怖ろしく距離のあるところから読み切ってしまうのですね」

二人の関係性は、他の棋士とはひと味、異なっている。互いに引かず、一番張りのある手を選ぶ。最善手であったかどうか、一局ではわからない。数局を経て答えを得ているようなところがあるという。

羽生は、谷川のもつ「美学」も指摘した。

「棋士はだれも勝ちたいと思って将棋を指しますが、勝ち方にこだわるのが谷川さんです。潔《いさぎよ》いといいますか、無用の抵抗はしない。悪くなってがんばるというのは私の方がはるかにしてきたと思いますよ」

羽生さんにとって谷川浩司の意味は？

「自分の進歩を一番手助けしてくれた人といっていいと思いますね」

このことは谷川にも重なるであろう。

「お互いの持ち味を一番引き出せる相手です。二人で一作をつくっているという気持はありますね」

羽生の意味を問うたさいの谷川の答えである。

おそらく、二十年、三十年に一人現れるような才能が、たまたま十年以内に二人現れたということなのであろう。

感覚的にいえば、羽生の才のベクトルは横に広がり、谷川の才は鋭角的に縦を向いている。トータルの成績では羽生が上回り、ときに縦が横を突き破る。それが二人の戦歴から受け取れるものである。

語り継がれる棋譜

究極、棋士が残せるものは棋譜だけだと谷川はいう。この点からいえば、後世語り継がれるほどの棋譜を谷川は残している。

羽生七冠、谷川無冠となって半年後の一九九六年秋の竜王戦。岡山・倉敷で行われた第二局、先手羽生、後手谷川。角換わり棒銀模様から、難解な中盤を経て、形勢は五分。終盤に入ろうとする局面で、その一手、「7七桂」が放たれた。

飛車と馬、角と飛車、両軍の主力が激突している最中、いきなり桂という跳び駒を単騎、敵将の斜め前に打ちつけた。飛車と桂の両取りであるが、ただで取られる〝奇手〟である。ただ、そうなれば、後ろに控える歩が銀を取りつつ前進して敵駒に当たる。つまり、桂を犠牲に敵陣を前に引き寄せ、味方軍突入のスピードを上げるという理解でいいのだろうか。

羽生は桂を取らず、飛車で角を払った。最善手であったろう。以降、応酬が続くが、谷側優位となって終局に至った。

この一手は、じっと眺めていると鮮やかさにしびれを覚えるような趣がある。プロから見ても戦慄を覚える指し手だった。

少年期、谷川とともに神戸の若松政和八段の主宰する将棋教室に通った日々をもつ井上慶太九段は、「十年に一度生まれる手といいますか、谷川さんしか指せない、もっとも谷川的な、棋士冥利に尽きる一手ですね」と評した。

『谷川VS羽生１００番勝負─最高峰の激闘譜！』（日本将棋連盟）では、真部一男九段がこう解説している。

《……ここで谷川は、華麗、豪快、いやそういった表現を超える恐るべき列手を叩きつけた。何という強打であろうか。やはり谷川の思考は飛躍しているというよりない》

2019年6月、歴代通算最多勝を達成して、藤井聡太七段から花束を贈られる羽生善治九段

谷川は近著、『藤井聡太論　将棋の未来』（講談社＋α新書）では、このようにも記している。

《「7七桂」は、これまでの公式戦約二千二百三十局の中で最高と自負できる一手である。それだけ気が充実していた。信じてもらえるかどうかわからないが、打つ前に盤上の7七桂のマス目が光って見えた。いま思えば、この時、私はゾーンに入っていたのかもしれない》

指された羽生はこう話した。

「盤面が交差していて、何かあるかもと思っていたのですが、打たれるまで気がつきませんでした。ああ、そうか、やられたな、と。まぁ、谷川さんには一手ばったりという手はそれまでにも幾度も指されていますんでねぇ」

――先後逆なら羽生さんも指していたと？

「まず発見できなかったでしょうね……。いや、はっきり指せていませんね」

――ここから挽回《ばんかい》する手は？

「ありませんね。ここで将棋は終わっています」

この年の竜王戦、以降、谷川が四連勝して竜王位を奪還する。翌一九九七年度の名人戦でも羽生を破り、三度目の名人となり、第十七世永世名人の資格を得た。谷川復活の分水嶺ともなった一手でもあった。

美は時間に耐える

時は過ぎる。

谷川が三度目の名人を退いて以降、名人位に就いたのは佐藤康光（二期）、丸山忠久（二期）、森内俊之（一期）、羽生善治（一期）、森内（四期）、羽生（三期）、森内（三期）、羽生（二期）、佐藤天彦（三期）、豊島将之（一期）、渡辺明（三期・二〇二二年現在）……と続いている。

二〇一四年、羽生は森内をストレートで下し、四度目の名人に復位した。この折、久々インタビューする機会があった。話題は多岐におよんだが、そのひとつに、コンピューター将棋があって、この点にかかわる問答もした。

近年、将棋界は新しい流れに洗われていて、谷川・羽生時代との相違は、コンピューターを駆使したＡＩ（人工知能）時代を迎えつつあることだ。

棋士たちは仲間内の研究会よりもＡＩの画面を見詰める個人研究にいそしみ、局面の判断や最善手の発見もＡＩにゆだねる。ＡＩは、計算力において人の頭脳をはるかに上回る能力をもつ。

〝人力〟もはや抗するにあたわずなのであろうが、なんだか面白くない。谷川や羽生将棋に見られる鮮やかな妙手、盤上この一手、いわば美しい手というものが見られないではないか——。

「コンピューターには、そういう観点はおそらくないと思いますね（笑）。ただ、〝美しい〟というのはとても主観的なことですよね。人間の思考には盲点とか死角というものがある。もしかしたら、表面には出にくい、そういう部分がとても美しいところなのかもしれない……」

——コンピューター将棋の棋譜を追っていると、優位になるという目的以外の要素は一切組み込まれておらず、何だか腹が立ってきます（笑）。

「コンピューター将棋のソフトで一番組み込むのがむつかしいのは〝形づくり〟だとも聞いています。終局間近になって、棋士たちが敗北を自覚しつつ美しい投了図を目指して何手か駒を進めますよね。これは言語化できない部分であって、だから数値化するのもむつかしいと」

なるほど。コンピューターにも苦手な、〝美の領域〟があると知って少し安心したものである。

将棋界は常に、若く新しい才能の出現を待望している。そして、何年かに一度、飛び抜けた才能が躍り出る。いまや藤井聡太の時代である。かつての覇者たちも、加齢とともにタイトルから遠ざかっていく。谷川・羽生を含め、それが棋界の習いであるが、棋士たちの思考の足跡、棋譜は消えない。

棋士を表現者として括ることもできようが、作家や画家や作曲家と異なるのは、〝単独表現者〟ではないことだろう。好敵手とせめぎ合った盤上において棋譜はより光沢を増す。

往時、鬼才・升田幸三の奔放なる指し回しは、ライバル大山康晴の強靱な受け手があって名局度を深めた。谷川・羽生の関係も同じであろう。美は時間に耐える。涼しき英才二人が繰り広げた激闘譜は、長く残っていくだろう。

山野井泰史と山野井妙子

究極の登山に「山は悪くない」
指を失っても自身の未踏をゆく

新宿からＪＲ中央線に乗って西へと向かい、立川で青梅《おうめ》線に乗り換える。さらに西へ。停車するごとに乗客はまばらとなり、終点は奥多摩駅。ひなびた山村の駅に降り立ったごとくである。

地名でいうと東京都西多摩郡奥多摩町境。駅前から車で十数分、杉林に包まれた細い山道を蛇行《だこう》しつつ下って行く。ふっと前をさえぎる動物が一匹。狸だった。多摩川の源流が流れる谷底近く、朽ちかけた農家風の家がぽつんと建っている。山野井泰史《やすし》、妙子夫妻の住まいである。登山家・山野井泰史。国内で最強、世界を見渡しても、オリンピックの陸上短距離でいえばファイナリストに入るクライマーとして山野井の名を耳にしていた。妙子もまた屈指の女性登山家である。

それにしては、この家の棲《す》み人はもの静かな人だった。居間で、ちゃぶ台を挟んで向かい合う。澄んだまなざしの、どこか少年の面影を残した男がちんと座っている。問いへの答え、「……のような気がします」という語尾がつく。自慢話の類いは皆無だった。

妙子が側に座り、私と夫の話にじっと聞き入っている。口数は少ないが、愛想がないというのではない。自然な素朴さ。この家で生まれ育ったといっても似合いそうな、そんな風情の女性だった。

妙子は家事一般をマメにこなす。燃料は薪《まき》とプロパンガス。風呂は灯油で沸かす。薪割りは山野井の役割。ふと思って訊いた。

――生活費はいくらかかります？

「必ずいるのは家賃ですよね。これが二万五千円で、あとは何かなぁ、妙子、どうだった？」

「さぁ、一万円を超すのは二人の生命保険だけでしょうか。お米は滋賀の実家から送ってくれるし、おかずだってなければ近くに生えているものを摘んでくればいいし……。山から下りて泰史が食べたがるのもチャーハンの大盛りだもんね」

そういわれた山野井は、ふっふっふっと笑った。

生活費を賄ってきたのは、冬場、富士山頂の測量基地へ荷を運ぶ強力《ごうりき》の仕事。妙子も奥多摩に近い御岳山《みたけさん》の宿坊での手伝いなどをしてきた。

多摩川の源流、周辺、岩場には恵まれている。岩登りは「休んでいるとすぐ下手になるもの」だそうだ。山野井の出で立ちは、サンダル履きにTシャツ。岩場に来ると足もとだけ、底に薄いゴムを張ったクライミングシューズに履き替える。ハーネス（安全ベルト）にD型のカラビナを三つ四つ。腰にロープと滑り止めが入った粉袋。装備はそれだけだ。すいすいという感じで登っていく。頂上から「テンション」という声がかかると、下で確保している妙子がロープを張る。懸垂下降で山野井が一気に降りてくる。妙子が登りはじめると山野井が確保に回る……。

夕刻。ちゃぶ台に夕食が並ぶ。近くの山で摘んだ、山菜や竹の子を煮たものもある。質素ではあるが、仲むつまじい夫婦の夕べだった。

夜がふけ、風呂に入り、奥の部屋で三人、川の字になって寝た。川のせせらぎを耳にしながら、久々、心地よい眠りに落ちていった。

初訪問は、二〇〇一年初夏のこと。以降、夫妻が在宅の折を見計らって、二度、三度と訪れたが、いつも、やすらかな気分でいられた。それは、静かな山村の気配と相まって流れる、透明で無償な精神に触れる心地よさであったように思えるのである。

「ぎりぎりの登山」を目指す

山野井は一九六五（昭和四十）年、東京に生まれ、千葉で育つ。小学生時代から山に親しみ、中学になると近隣の岩場に出かけ、図書館で山岳書や登山史を読み漁《あさ》った。

「漠然と思っていたのは、人はいつか死ぬんだから、何かに情熱を注がないともったいない。きっとこれを一生続けていくんだろうなと思っていましたね」

社会人の日本登攀《とうはん》クラブに入り、登山技術を磨く。千葉県立泉高校を卒業後、フリー・クライミングのメッカ、カリフォルニアにあるヨセミテに幾度も出向いている。やがてヒマラヤの高峰へ挑んでいく。

なぜ山なのか――。古くからある問いであるが、自著『垂直の記憶』(山と渓谷社、二〇〇四年)でこのように書いているところがある。

《なぜそんなにもモチベーションを持続できるのか疑問に思う人がいる。それについて僕自身が分析することは難しく、実際、うまく答えが見出せない。なぜ子どもが遊びに夢中になり、甘いものをほしがるのか、理由がよくわからないように……。僕は、空気や水のように重要で、サメが泳いでいなければ生命を維持できないように、登っていなければ生きていけないのである》

登攀スタイルという点では、「より山を深く味わえる」単独《ソロ》を好んだ。酸素ボンベを使わないのも同じ理由からだ。

二十代後半から三十代半ばにかけて、ヒマラヤ高峰での主たる登攀歴を追えば、メラ・ピーク西壁(敗退)、アマ・ダブラム西壁(新ルートで単独初登)、ガッシャブルムⅣ峰東壁(敗退）Ⅱ峰（登攀）、チョ・オユー南西壁（新ルートで単独初登）、マカルー西壁（敗退）、クスム・カングル東壁（新ルートで単独初登）、マナスル北西壁（敗退）、K2南南東リブ（単独初登）……。

クライミングの極致ともいうべき八〇〇〇メートル級を単独・無酸素・新ルートで登攀・登頂したクライマーは、登頂に疑惑をもたれているトモ・チェセン（スロベニア／ローツェ南壁）を別とすれば、ラインホルト・メスナー（イタリア／ナンガ・パルバット西壁）、クシストフ・ヴィエリツキ（ポーランド／ダウラギリ東壁）、そして山野井のチョ・オユー南西壁があるのみである。

2005年、自宅に作った人工壁を登る山野井泰史さんと妙子さん

いつも、登れるかどうか、「ぎりぎりの登

山」を目指してきた。体力が下降線に入る前に、もっとも難度の高いマカルー西壁に再挑戦してみたいといった。マカルーはネパールとチベットにまたがる高峰で、とりわけ西壁は垂直の岩壁が聳《そび》え立ち、世界のクライマーが挑み続けてなお、核心部は未踏であり続けている。

山野井の少し上の世代、そういう志向をもつ先鋭登山家たちが幾人かいたが、ほとんどが鬼籍に入った。よくささやかれたものだ。次は、山野井だ、と。この登山家に常に特記すべきはこのことなのかもしれない。すなわち、彼はまだ生きている、と——。

山野井（長尾）妙子は、滋賀・神崎郡能登川《のとがわ》で生まれ、育っている。地元の高校を卒業後、メーカーでの事務職を経て日大文理学部に進む。社会人の山岳クラブに入り、登山家の道を歩んでいく。

一九九一年夏、パキスタンのブロード・ピークを目指す遠征隊で二人は出会っている。同年秋、妙子はマカルーを目指す別の遠征隊に加わる。頂に立ったが、帰路、隊員の石坂工が宙づり状態となって〝凍結〟し、チベット側の深い谷へ消えて行った。彼女は生還はできたものの、左足薬指を除く手足の指先十九本を凍傷で失った。

妙子は登山ひと筋という女性ではない。千葉に住む山野井の両親、孝有《たかゆき》・孝子《たかこ》によれば、奥多摩の家を訪れたとき、綿《わた》を打ち直した蒲団を見てびっくりしたという。いまどき打ち直しなどできる娘がいるのか……。訊くと実家の祖母に教えてもらったという。指先が不自由でも針仕事をこなす「嫁」をすっかり気に入ってしまったとか。

傷はいつか癒えるが、失った隊員を忘れることはないと妙子はいう。その一方で、といっていいのか、彼女は山野井という伴侶《はんりょ》を得た。

凍傷で治療入院中の病院に、松葉杖をついた山野井もいた。怪我は富士山での強力仕事のさい、落石で左足スネを骨折したものである。松葉杖がギプスになった頃、山野井は、両手にまだ包帯が残る妙子を誘い、山梨の岩殿山《いわどのさん》に登った。暖かい、春の日であった。

夫婦の間で約束していること

海外遠征も二人はほとんど連れ立って出向いてきたが、それぞれのテーマをもって、同じ山を登ることもあった。

チベットのチョ・オユーへの遠征（一九九四年）がそうで、目標はともに南西壁からの登攀で、途中までは同行した。妙子はパートナーの遠藤由加とともに、これ以前、南西壁を初登した別の隊のルートをたどって第二登を目指す。山野井は新ルートから単独で登るというもので、ともに目的を達成している。

山野井と妙子が向かったネパールのマナスル（一九九八年）は――この時点までといえばであるが――「もっとも死神に近づいた体験」となった。

マナスルは日本山岳会が総力をあげ、はじめて八〇〇〇メートル級に登頂したことで知られるが（一九五六年）、二人が目標としたのは、北西壁の未踏ルートからの登頂である。

深夜、標高六〇〇〇メートル余の地点。ドーンという崩壊音とともに雪崩に巻き込まれ、吹っ飛んだ。暗闇の中、妙子は「ヤスシー！」と叫ぶが、応答がない。ヘッドライトの光の先、ロープが見えない。埋まっているのだ……。ピッケルで、頭部が見えてからは手で掘った。顔の周りの雪をかき出す。

——口を、口の周りを！

それが、耳にした最初の声だった。呼吸困難に陥っていたのである。しばし同衾《どうきん》した死神が去っていった。

取材ノートに、死にかかわって山野井が口にしたことが記されている。

「死ぬことを怖れない人間ではもとよりない。ただ、どこかで自分の死というものを組み込んで生きてきたところはありますよね。死ぬことを回避するために登山をやめることは死んでも嫌だといいますか、究極、目標の登山ができたら、そこで死んでもまあいいかと思ってきたところはある……」

「山は悪くないのですよ。山は素晴らしいいし、常に登るべきものとして僕の前にある。その過程で起こることは仕方ないといってしまえばなんだけれども、結局のところ、仕方ないのであって、少なくとも僕のなかでは悲しい出来事ではない……」

山野井は別段、蛮勇の持ち主ではないのだと思う。私たちと同じように、恐怖心や臆病な心をもっている。ただ、死と引き換えに足ると思える対象を持ち続けてきたこと。それが、死を、生きていく中での自然な出来事として受け止めるようになっている——と解していいであろうか。

山野井と妙子の間で、約束していることがひとつある。

——山野井が死んだら妙子がクヌギの木を植える。妙子が死んだら山野井がカキの木を植える。ともにカブト虫やクワガタなどの昆虫が好き。カキは山野井の好物であるからである。

脳裏には「葬式の段取り」

海外遠征に旅立つ前、成田空港に近いこともあり、山野井夫妻は千葉市内に住む山野井の両親の家に一泊していく。二〇〇二年秋、未踏のギャチュン・カン（チベット）北壁を目指した遠征でも、同じようにやって来た。

十月十四日夕。両親が散歩から家に帰ると、電話機の留守電のランプが点滅し、ファックス用紙が押し出されていた。ネパールのカトマンズからで、「COSMO TREK（P）LTD」という英文の文字が見える。何を伝えるものなのか、二人は瞬時に悟った。

《コスモ・トレックの大津二三子と申します。取り急ぎご連絡申し上げます。山野井さんご夫

妻がＢＣ（ベース・キャンプ）に戻らず、行方不明の可能性があります……》

ファックスを見つつ、父・山野井孝有の脳裏によぎったのは「葬式の段取り」であった。ただ、一縷《いちる》の望みは見出した。登山計画書を見直してみるに、ＢＣへの帰還が遅れ、〝早すぎた凶報〟である可能性はある。妙子の実家への連絡は一日ずらした。

孝有は新聞社の印刷畑を進み、労組の役員もつとめてきた。個人の生き方の選択を尊ぶ信条の持ち主で、口にしたことはないが、息子を誇りに思ってきた。母の孝子もそうである。そうではあるが、待つだけの立場、「骨身に応えて辛い」のが登山家の親というものだ。

二日後の午後、朗報が届いた。大津からの電話で、「二人の生存が確認されました。手足の状態はよくないが、生きていることをもってよしとしてください」というものだった。

母は声を出して泣いた。父も泣いた。現地ギャチュン・カンでの死闘に引けをとらない、もうひとつの苦悶が終わった。

やがて二人はまた山へ

東京・墨田区にある白鬚橋《しらひげばし》病院は、凍傷の治療で名が知られる。ギャチュン・カンを下山しての帰り、山野井夫妻は当病院に直行した。しばらくして、私はお見舞いがてら当院を訪れた。

病室は山野井が四〇七号室、妙子が四〇八号室。ともに両手はぐるぐると包帯が巻かれてい

2016年、子供たちとの交流教室で、ほぼ指のない両手でロープを素早く結んでみせた山野井妙子さん（左）。右は泰史さん

て痛々しいが、いつものスマイルが洩れる。元気そうで一安心する。

吹雪、雪崩、凍傷と、ギャチュン・カンの登攀は困難を極めたが、山野井は単独で登頂している。妙子は疲労激しく同行を断念、頂上近くでビバークして待機した。帰路、二人は二度、三度と雪崩に遭遇し、悪路極まる中をなんとか切り抜けて生還した。

凍傷はひどく、山野井は右手の中指、薬指、小指を、左手の薬指、小指を、さらに右足の指五本を切断、足の腿《もも》の皮膚を移植した。妙子は失っている両手の指をさらに詰めて切り、「ほぼダルマさん」状態になった。

この席で耳にしたわけではないが、感じ取れるものはあった。やがて二人はまた山へ――これまでとは次元の異なるものになるにせよ――向かうだろうということである。孝子が口にしたことが思い出された。

「今後も山を続けていくとすれば心配ですが、それよりも二人が人生の目標を失ってしまうことが心配です」

これからも母親は、前者の心配から解放されることはなかろうが、後者についてはきっと心配無用だろう、と。

プレーヤーはグラウンドを去らない

久々、奥多摩にある家に足を運んだのは二〇〇四年夏である。ギャチュン・カンの遠征からいえば二年、初訪問からいえば三年がたっていた。

暮らしぶりは以前と変わらないが、少々、不自由度は増したとのことである。買い物のさい、小銭の受け渡しがスムーズにできない。掌を出すと一瞬、相手が躊躇《ちゅうちょ》することには慣れてはきたが。

山歩きを再開し、岩登りも少しずつはじめている。手足は不自由であるが登り方を体が覚えている。ただ、時間は何倍もかかるようになった。指の力でいえば、五本指が三本になって握力が六割になったのではなく、それ以下に落ちた。薬指や小指がいかに大きな役割を果たしていたかを、失ってはじめて知ったという。妙子の場合は、たとえば、ぶら下がりつつ片手でカラビナにロープを通すという単純なことができない。

今後、工夫と努力によって不足部分を補ってはいっても、単独行で最難関のビッグ・ウォールに挑むことはもはやできない。先鋭登山におけるファイナリスト、山野井泰史が終わったことは明らかだった。

けれども、プレーヤーはグラウンドを去ってはいない。国内の岩場に、友人のクライマーの手助けを得つつ、出向いてきた。中国・四川省の山にも訪れている。当地の、岩場の下見という目的もあった。近々、登攀を試みる予定だ。

「ロープもハーケンもカラビナも用具類はたっぷり持っていくつもりです。登頂できるかどうかは別にして、時間はかかっても必ず下りてきますよ」

以前と同じように、微笑しつつそういった。

いま現在の条件下で困難な目標を設定し、それに挑んでいく。もとより、かつての目標と同レベルのものではないが、登攀者が引き受ける困難度という点からいえばさほどの違いはない。そういうテーマ性の中に身を置いてこそ充足感を覚える――。登山家・山野井泰史の志向はなにも変わっていない。

このことは――次元を落としていえばであるが――歳月の中で私たちが直面することにも重なろう。それまでのようなスピードボールを投げられなくなった投手が、それを補う新しい変化球を習得して第二の野球人生を歩んでいかんとする。自身に引きつけていえば、これまでのように軽やかには歩けなくなったノンフィクション・ライターが、フットワークは重くなりつつなお歩き続けていく……。だからこの登山家夫婦に引き寄せられたのかもしれない。

その後、夫妻の主たる歩みは（他のクライマーとの同行も含め）以下のようである。

中国・四川省のポタラ北壁（敗退二〇〇四年、登攀〇五年）、ヒマラヤ・パリラプチャ北壁（敗退、〇六年）、グリーンランド・ミルネ島の大岩壁（登攀、〇七年）、ヒマラヤ・カルジャンの南西壁（敗退、〇九年）、パキスタン・タフラタムの北西壁（敗退、一一年）、ペルーアンデスのプスカントゥルパ峰（登攀、一三年）、インド・ヒマラヤのラダック峰など（登攀、一七年）……。

〝マカルー西壁〟への挑戦はその後も続いている。

藤沢周平と茨木のり子

人生の試練は、作品の深みに
庄内の風土を静かに熱く宿す

長く、時代小説家・藤沢周平の一ファン読者だった。氏の故郷、山形・鶴岡を歩く——。十数年前、雑誌のグラビアに短文を添える仕事が舞い込み、喜んで引き受けた。

藤沢作品にしばしば登場する「海坂藩《うなさか》」は、鶴岡を城下町とする旧庄内藩をモデルにしたものであることはよく知られる。この地は氏の故郷であり、小説世界の舞台であり、さらに深い部分における、ある拠り所であったように思える。

秋の日、生家、近隣の農地、旧庄内藩の居城・鶴ケ岡城跡、藩校・致道館《ちどうかん》、映画『蝉しぐれ』で使われた茅葺《かやぶ》きの家屋……などを訪れた。

『半生の記』によれば、藤沢周平（本名・小菅留治《こすげとめじ》）は、一九二七（昭和二）年、山形県東田川郡黄金村《こがね》高坂《たかさか》（現・鶴岡市高坂）で生まれ、育っている。生家の農家はすでにないが、敷地は空き地として残っている。この地から小・中学校（夜間部）に通い、村役場などに勤めた。

1997年に他界した藤沢周平。故郷・鶴岡の風景を愛した

終戦時が十七歳。

戦後、山形師範に進み、高坂に近い湯田川《ゆたがわ》中学で教壇に立っている。結核の治療と手術のため、東京・東村山の療養所に入るのが二十五歳であるから、四半世紀、山形県内で暮らしている。後年、一人娘の展子《のぶこ》を連れてしばしば帰省している。鶴岡は濃厚な故郷の地であり続けた。

展子（遠藤）さんに会った折、藤沢さんは鶴岡の何がお好きだったのでしょうかと問うと、「少年期の農村の風景だったのではないでしょうか」という答えが返ってきた。

生家の近くには高速道路が走り、往時の風景とは異なるが、こんもりと茂る裏山の杉林、遠くに霞む鳥海山《ちょうかいさん》から出羽三山に至る稜線は変わらない。

少し車を走らせると、広々とした田園に、黄金色に染まった稲穂の波が広がっていた。あぜ道にたたずむと、虫の声が湧き、頬に触れる微風が心地よい。藤沢が愛した風景が、ふと知覚されて感じられるのである。

私にとって藤沢がお気に入りの作家であるとするなら、茨木《いばらぎ》のり子（本名・宮崎のり子、結婚後・三浦のり子）はお気に入りの詩人だった。

現代詩に親しんだのは学生時代で、茨木の名を知ってもう長い。ただ、茨木の作風は、身近な周辺に素材を得て、一見、平易な言い回しのものが多い。難解詩をもって尊しと思っていた若き日はほとんど素通りしていた。歳月を経て、詩集『倚《よ》りかからず』をわが内なる声として読んだ。さかのぼって、往時の詩集や散文を求め、高じて、評伝『清冽《せいれつ》』を書いたりもした。

茨木は一九二六（大正十五）年生まれ。愛知・西尾で育っている。山形・鶴岡は生母の故郷であるから〝半故郷〟といってよろしいか。小学五年生時、母・勝《かつ》は病死しているが、以降も茨木はしばしば鶴岡に帰省し、生涯、思いの深い地であり続けた。

《雪ふれば憶う
母の家
たる木　むな木　堂々と
雪に耐えぬいてきた古い家……
母はみの着て小学校へ通った
母はわらじをはいて二里の道を女学校へ通った

それがたった一つ前の世代であったとは！……》（「母の家」）

母の家は現存している。東田川郡三川《みかわ》町東沼。堂々たる家屋の農家であった。敷地千二百坪。水路と杉林に囲まれた敷地内に、本宅、米倉、土蔵などが建っている。大正期の調査では、所有田畑百六十四町歩。大滝家は庄内平野有数の地主であった。

現当主、大滝良三と広い座敷で向かい合った。良三にとって大滝勝は叔母、茨木のり子は十歳上の従姉に当たる。

戦後、農地改革で所有地をほとんど失った大滝家であったが、代々の家屋と敷地を維持し得たのは、山林の切り売りと酪農業を手がけたおかげという。

良三が幼年の頃、少女時代の茨木に抱っこされた写真が残っている。茨木が夏休みに帰省したさいのもので、良三の知る少女・茨木のり子は、わがままをいわない、落ち着いた感じの娘であった。

茨木の父、宮崎洪《ひろし》は西尾の地によろず病院を開いた医師であったが、スイスの大学への留学歴をもっている。帰路の船旅で、大滝家の縁者と知り合い、勝と結ばれたという。

茨木と藤沢は同世代であり、同じ東田川郡内に郷里をもつが、もちろん行き来はない。三川町と高坂は、JR鶴岡駅を挟んで北と南に分かれるが、直線距離にすればさほど遠くはない。

私がそのことに気づいたのはかなり時間を経てからで、そういえば……ということで知ったことだった。

私生活上の苦難を投影

結核が治癒した藤沢は教員への復帰を企図するが、もうその道は閉ざされていた。やむなく東京で業界紙に職を得る。年譜では、三つ目の職場「日本加工食品新聞」で「生活ようやく安定する」とある。日本食品経済社での勤務は十五年におよんでいる。

同郷の三浦悦子と結婚、展子を授かるが、まもなく悦子がガンで亡くなる。

遠藤展子著『藤沢周平　遺された手帳』（文藝春秋）には、この時期、藤沢が手帳に記していた生の言葉が収められている。

〈……しかしきびしいかな、これが人生というものなのか。人は死をまぬがれることができぬ。展子のために、生きるだけ生きてやらねばならないだろう〉

〈……まだ雨晴れぬ。夜、濡れて帰る。缶詰、白菜のつけたもの。それと卵を買って。波のように淋しさが押し寄せる。狂いだすほどの寂しさが腹にこたえる。小説を書かねばならぬ。展子に会いたい〉

展子に会いたいとは、鶴岡の悦子の実家に幼児を預かってもらっていた時期があったからである。やがて藤沢の母が上京し、藤沢が再婚するまで、三人暮らしが続いていく。

〈……私は今夜、眠たい展子をからかったりして無理に遊んだ。淋しくてならなかったのだ。

老いた母は昏々と眠っており、展子は小さい生命。これが私の家族なのだ。悦子はもういない。これが人生というものだろうか〉

「転機の作物」と題するエッセイでは、サラリーマン時代を回想して、「狂っても、妻子にも世間にも迷惑をかけずに済むものがひとつだけあって、それが私の場合小説だった……私の初期の小説は、時代小説という物語の形を借りた私小説といったものだったろう」と記している。

藤沢の小説へのかかわりは、人生の困難を背負った日々、かすかな光明を求めてのものだった。『読切劇場』などに創作を寄せ、『オール讀物』新人賞へ応募していく。『溟《くら》い海』が受賞するのが一九七一（昭和四十六）年、四十三歳。『暗殺の年輪』で直木賞を受賞するのはさらに二年後である。

市井《しせい》、士道、絵師など、ジャンルは異なれど、藤沢の初期作品が昏いトーンを帯びているのは私生活上の苦難を投影していた。作家としてのデビューは遅い。長い寄り道と解することもできようが、同時に作家としての養分も得ていたはずである。

ごくなんでもない風景への卓抜な描写力はどこに由来するのか。結核の療養時代、俳句に親しみ、同人誌にも寄稿していたと知って、謎の一部が解けたようにも思った。

業界紙を退職するのは直木賞受賞の翌年である。業界に長く身を置いた分、世と人の様《さま》をたっぷりと見知ったはずである。それが、目線の低さと小説世界での多彩な群像の登場に生かされているように思える。

茨木のり子のはじめての詩集『対話』は、二十九歳の日に刊行されている。冒頭にあるのは「魂」という表題の詩であるが、最終連はこうである。

《いまなお〈私〉を生きることのない
この国の若者のひとつの顔が
そこに

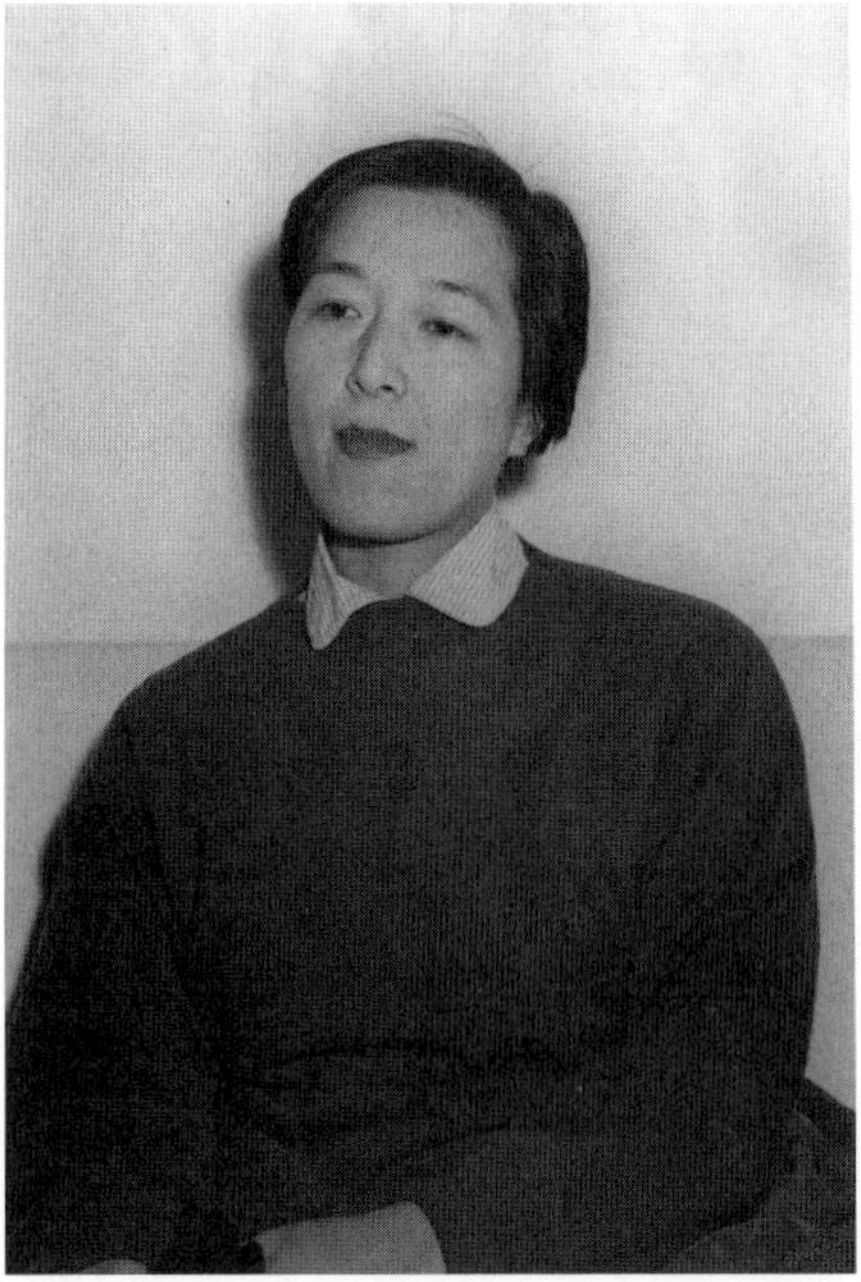

若き日の茨木のり子。時代を超えて作品が読み継がれている

火をはらんだまま凍つてい
る》

私はまだ〈私〉を生きていない。〈私自身〉であれ。裏返していえば〈あなた自身〉であれ――。終始、茨木の詩に流れる問いかけであり、基軸であり続けたメッセージである。

太平洋戦争がはじまったのは、西尾高等女学校の三年生時。茨木は学内での「分列行進」の指揮を執る「軍国少女」だったと振り返っている。

茨木より一歳下の藤沢も、近視で不合格となったものの、予科練の試験を率先して受けた「末期戦中派」と自身を回想している。少年・少女期に戦争に遭遇した者のほとんどがそうであったろう。

敗戦を境に、世の価値観はひっくり返る。揺るぎなき正論などはどこにもない。思春期から青年期、自身のアタマでモノを考え、試行錯誤を繰り返しながら〈私〉を生きていくことを強いられた世代である。

茨木の詩でもっとも広く知られるのは、第二詩集に収録された「わたしが一番きれいだったとき」であろう。

戦後間もない頃、ふと鏡に映った自身の顔を想起して書かれた詩である。若い輝きを秘めた、けれどもだれからも一顧だにされなかった日々――。詩が広く知られるようになったのは、国語の教科書に載ったこともあろうが、それ以上に、同時代を生きた女性たちの共通の無念と想いをすくい取っていたからである。

茨木が三浦安信のもとに嫁ぐのは二十三歳。茨木が鶴岡に思いを寄せ続けたのは、三浦の出身地が鶴岡だったからである。勤務医で、夫妻は所沢に、次いで西東京市で暮らしていく。

二人を結びつけたのは、大滝勝の母で、家を仕切っていた「沼のばばさま」こと、大滝光代である。可愛がった孫娘に、このような人ならと見込んだのが三浦だった。

エッセイ「はたちが敗戦」の中では、こう記している。

《女房が物書きの道を進むというのは、夫としてはどう考えてもあまりかんばしいことではない筈なのだが、夫は一度もそれを卑めたり抑圧したりすることがなく、むしろのびのびと育てようとしてくれた》

茨木は家庭環境に恵まれた人だった。恵まれなかったのは持続する時間である。安信が病死するのは茨木四十八歳の日。「虎のように泣いた」とも書いている。以降、長い一人暮らしが続いていく。

だれにとっても、人生上の試練などないに越したことはないが、試練に遭遇しない人生もまたない。そして、作家や詩人にとっては、そのことが新たな出発を促し、作品性を深めることはあり得る。二人については、そう解してもいいのだろう。

品性を宿す人間の物語

『遺された手帳』で、藤沢がこう書いている箇所がある。

〈行きづまらないためには、飛躍がなければならない。……「江戸の用心棒」というシリーズを考えている。ハンサムで腕っぷしが強く、武家勤めに愛想をつかしている浪人が主人公。早田伸十郎。気楽に世の中を渡りたいと思っている〉

藤沢の読者であればもちろん、『用心棒日月抄』「青江又八郎」の原型メモであることはおわかりであろう。軽妙とユーモアの味は、この頃から滲みはじめたひとつの「飛躍」だった。作風の転機を促したのは読者の存在だった。「転機の作物」ではこんな一文も見える。

《書くことだけを考えていた私が、書いたものが読まれること、つまり読者の存在に気づいたのはいつごろだったのか、正確なことはわからない。だが読まれることが視野に入って来ると、私の小説が、大衆小説のおもしろさの中の大切な要件である明るさと救いを欠いていることは自明のことだった》

同時期、『彫師伊之助捕物覚え』や『獄医立花登手控え』シリーズがはじまっているが、ハードボイルド調の、あるいはミステリー調の時代小説といえるもので、私の好きなシリーズである。

さらに後年、藤沢は重厚な歴史小説にもウイングを広げていくが、品性を宿す人間の物語という基軸は一貫して動かない。

一人暮らしのなか、茨木がはじめたものに韓国語の習得がある。朝日カルチャーセンターの講座に通って学びはじめた。西東京・東伏見の自宅書斎には、表がハングル、裏が日本語のカードの束も残されている。年齢が若いほど語学は習得しやすいというが、五十代に入り、一歩一歩、努力して新しい言葉を学んでいった様子がうかがえる。

なぜ韓国語を学ぶことをはじめたのか――。さまざまに問われると、面倒になって、こう答えたとある。

《隣の国の言葉ですもの》

習得を深めるなかで、幾度か渡韓し、韓国の詩人たちとの交流も深めた。計十二人、六十二編の詩を翻訳した『韓国現代詩選』（花神社）を刊行したのは一九九〇年、六十四歳の日。詩の選択は、およそ五十冊の韓国語の詩集から「カンだけを頼りに」選び出したとある。

『ハングルへの旅』の中でこんな一節が見られる。

《いい詩は、その言葉を使って生きる民族の、感情・理性のもっとも良きものの結晶化であり、核なのだと改めて思う。奥深いところで、深沈と息づく天然の大粒真珠のようなもの。今までその所在に気づかなかったのは、なんと勿体ないことだったろう》

日韓間の近現代史は重苦しい。いまも両国の間にはさまざまな政治的問題が横たわっているが、茨木の視線は一歩退き、遠くへ注がれている。独りで、かつ詩人ならばこそできること――その回答がこの仕事だった。

二〇二〇年、若い韓国人女性・金智英によって、茨木と韓国のかかわりをたどった著、『隣の国のことばですもの』（筑摩書房）が刊行された。韓国内でも茨木の詩がハングルに訳されはじめている。茨木が取り組んだ仕事は、両国の、次世代へと受け継がれつつある。

雪の中、顔をそむけずに歩く

『倚りかからず』は、茨木七十三歳の日に刊行されたが、詩壇でも事件といわれたほど版を重ねた。

担当編集者は、筑摩書房の中川美智子。一万、一万、二万、二万……そのつど増刷部数を電話で茨木に連絡するのだが、「もうおよしになって。詩集なんて売れるものではないのですから」と、困惑気味の返事が返ってくるのだった。

中川は『茨木のり子集　言の葉』（全三巻）なども担当してきた。長い付き合いの中、互いの私生活も十分知り合うようになっていたが、狎《な》れることをしないのが茨木だった。初対面のときに受けた「初々しさ」は、三十年を越え、変わらなかった。

晩年、茨木は藤沢作品のファンだったようである。映画化された山田洋次監督の『たそがれ清兵衛』はお気に入りで、何度かその感想を中川は耳にしている。清兵衛を演じる真田広之の風貌と庄内弁の語りが夫そっくりというのろけ混じりの評で締めくくられるのであったが。

藤沢周平と茨木のり子。人となりとしていえば、ともに内省的で、慎ましやかな人だった。声高《こわだか》に語ることはなかったが、権力や金力を振り回す輩やおごった心が嫌いだった。表現者として単独で立った。

鶴岡には「市立藤沢周平記念館」があり、茨木のり子のファン読者たちによる「六月の会」があり、幾度か足を運んだ。地元の人たちと懇談する機会もあって、庄内人の気質ということを耳にしたりもした。

庄内は広い。日本海に面した北の港町・酒田が商人気質であるのに対し、城下町・鶴岡のそれは、控え目な謙譲の精神であるというが、それだけではない。冬場、吹きつける雪の中、あえて顔をそむけずに歩くのがこの地の民という言葉を古老から耳にした。

二人の〝庄内人〟に、通底する精神でもあろう。

夏の日、三浦安信とのり子が眠る加茂の浄禅寺《じようぜん》を訪れた。加茂は鶴岡の西方にある小さな港町で、日本海沿岸を北前船《きたまえせん》が航行した江戸期は酒田へ出入りする帆船の「風待ち港」だった。寺は小高い山手の一角にあって、広い空、眼下に青い海、まことに眺望よしの菩提寺だった。

墓地の背後に欅《けやき》の巨木が立っていて、蟬の声がかまびすしい。ふと『蟬しぐれ』のラストを想起したりした。

幼馴染みのお福と文四郎。運命であったのだろう、お福は藩主の側室となり、文四郎（助左衛門）は郡奉行となっている。歳月の中、二人は別々の人生を歩むが、後年、ただ一度、海辺の湯宿で逢瀬を果たす。

《「文四郎さんの御子が私の子で、私の子供が文四郎さんの御子であるような道はなかったの

でしょうか」》

お福の言葉を胸底に沈めつつ、助左衛門は宿を出る。ふたたび逢うことはあるまい……。おそらく、藤沢作品の中でももっとも印象的な、自然の、あるいは心象風景の描写であろう。

《顔を上げると、さっきは気づかなかった黒松林の蟬しぐれが、耳を聾《ろう》するばかりに助左衛門をつつんで来た。蟬の声は、子供のころに住んだ矢場町や町のはずれの雑木林を思い出させた。助左衛門は林の中をゆっくりと馬をすすめ、砂丘の出口に来たところで、一度馬をとめた。前方に、時刻が移っても少しも衰えない日差しと灼《や》ける野が見えた。助左衛門は笠の紐をきつく結び直した。

馬腹を蹴《け》って、助左衛門は熱い光の中に走り出た》

静かな、夏の昼下がりだった。

西本幸雄と仰木彬

「非エリート組」ゆえの視線
二流選手から指導者へ

大毎オリオンズ、阪急ブレーブス、近鉄バファローズの三球団で、西本幸雄は通算二十年の監督生活を送った。日本シリーズには八度臨みながら、勝利の女神に見放されたままに終わった。「非運の名将」とも呼ばれたが、長い球歴の中、語り継がれてきた逸話には事欠かない。以下の「ポカリ事件」も〝小逸話〟には数えられよう。

一九七五（昭和五十）年、近鉄の監督になって二年目の対阪急戦である。マウンドにあったのは阪急の新人投手、山口高志で、素晴らしく速い球を投げた。とりわけ浮き上がってくる高めのボール球はめっぽう速い。

高めのボール球には手を出すな——円陣で指示した山口対策であったが、バッター羽《は》田《だ》耕一が二球続けて高めのボール球に手を出してファール、三球目を打ってショートゴロに倒れ、ベンチに戻ってきた。カーッとなった西本がポカリとやったのである。

これは西本の勇み足だった。羽田はこの回の先頭打者で、円陣には加わっていない。さらに話は膨らみ、この光景を見たマウンドの山口が逆にビビってしまって萎縮し、打ち込まれたというのである。

「そのときは、あれっ、何でとは思いましたが……。厳しくて怖い監督でしたが、実は思いやりがあってみんなから慕われていた。僕みたいなどんくさい選手も目をかけてもらった。大恩人です」

後年の羽田の回想である。

この年、羽田は入団三年目の若手選手。頑健な体躯の、「どんくさい」選手であったが、じりじりと力をつけて三塁手の定位置を獲得、主軸打者となり、通算千五百安打を記録している。

現役引退後、羽田は球団のコーチとなり、フロント業務にも携わった。その後、「学生野球資格回復制度」の研修を経て、母校の兵庫・三田《さんだ》学園高校の野球部監督となったが、元プロ選手の監督就任ということで話題となった。そのさい、目指すべき監督像に西本の名前をあげている。

逸話は遠い日のこと。〝鉄拳指導〟などいまや耳にすることは少ないし、もとより歓迎すべきことではない。ただ、鉄拳の〝被害者〟が、かような思いを抱くところに、西本幸雄という野球人の人物風景が浮かんでくるところはある。

一九九六（平成八）年、日本シリーズはオリックスと巨人の間で争われた。十月二十四日夜、グリーンスタジアム神戸。ここまでオリックスが三勝一敗とリードして迎えた第五戦。この試合に勝てばオリックス球団としては初の、また監督の仰木彬《あきら》にとってもはじめての日本一となる。

前年の一月、未曾有の大地震が神戸一帯を襲った。オリックスのユニフォームの肩口に縫われた「がんばろうＫＯＢＥ」の文字模様が身に染みて感じられる日々だった。雑誌での観戦記の依頼があって、この日、私は内野席に座っていた。

三回裏を終わって、オリックスが五―一とリード。四回表、一死一、三塁と巨人がチャンスを摑む。ここで〝トラブル〟が起きた。打球がライナーとなってセンター前に落ちたかに見えたが、センター本西厚博《もとにしあつひろ》は地上すれすれでキャッチしたとアピールする。二塁塁審はワンバウンドと判断、セーフのゼスチャーをしている。三塁ランナーはホームへ。

一塁ベンチから仰木が飛び出す。ナインをベンチに引き上げさせ、塁審に向かって激しく抗議する。これは大モメになる……。が、抗議時間は存外と短いものだった。ゲームは再開。ピッチャーが代わり、オリックスはピンチを脱する。五―二でゲーム終了。仰木は胴上げされた。

数年後、仰木にインタビューしたさい、真っ先に尋ねたのはこの一件だった。

「セ・リーグの審判だったしね。過去、日本シリーズにはいろいろとあったわけだし、釘を刺しておくにはいいタイミングだと思った。これからはしっかり見ろよ！　と言い残して、まぁそういう柔らかな表現ではなかったと思いますが、そう念を押して引き下がったわけです」

——激怒されていたように映りましたが。

「いや、そうでもなかったね。ミスジャッジではあったが、判定は覆らない。抗議中に、投手交代の指示を出しておいて、その準備時間を計りながらやってましたよ」

——怒ったふりをしつつ別のことを考えていたと。

「ええ。ファインプレーした本西の気持を汲んでやらないといけない。ナインの気持もスタンドの空気も計りつつ切り上げ時を探っていた。抗議というのは、実はやっていながら別のことを考えている場合が多いんですよ」

外からは猛烈な抗議と見えた光景も、仰木の頭脳は冴《さ》え冴《ざ》えと回転していたのである。

西本幸雄と仰木彬。肌合いの異なる野球人ではあるが、二人は濃いかかわりをもった時期がある。

あわやコンクリ壁に激突

西本幸雄は一九二〇（大正九）年の生まれ。旧制和歌山中学で野球をはじめ、立教大に進む。戦後、社会人野球を経て毎日オリオンズに入団。大毎監督になった一年目、リーグ優勝するが、大洋ホエールズとの日本シリーズで〝三原魔術〟にしてやられて敗北、辞任。弱小チームだっ

1981年10月、近鉄・西本監督の勇退サヨナラ試合は、長年監督をつとめた阪急相手で最後の胴上げには阪急勢も加わった

た阪急の監督に就任する。

来歴をピックアップすれば、選ばれた野球人の歩みであるが、西本自身は「非エリート組」という意識を持ち続けた。選手としてはさしたる実績を残していないからだ。

西本を名指導者に押し上げたのは、阪急時代にはじめた「西本道場」であろう。

西宮球場のレフトスタンド下に、薄暗い室内練習場があり、二台のピッチングマシーンが据えてあった。シーズンオフの、ここでの自主練習が「道場」と呼ばれていく。バッティング練習では「上から叩け！　振り抜け！」という叱声が、年末ぎりぎりまで、あるいは正月明けから途絶えることがなかった。

別段、選手たちの自主練習に付き合う

ことは監督の職務ではない。

「そうなんだけどね、オレ自身が非エリート組だったでしょう。だからこの世界で、なんとかこいつらがメシを食えるようにしてやりたい。一人前にして家の一軒でも持てるようにしてやりたいという気持はずっと持っておりましたね。だからまあ、自然と手伝っていたと」

阪急の黄金時代は、この〝道場〟で鍛えられた長池徳士、大熊忠義、森本潔、福本豊、加藤秀司……らが打線に並ぶことで実現していった。近鉄時代の羽田、栗橋茂、佐々木恭介、梨田昌孝……らもまた猛練習で一人前の選手となっていった。

梨田もさんざん西本の叱責を受けた選手の一人である。強肩・好リード・「コンニャク打法」によって球史に残る捕手となり、監督もつとめた。よく叱られたが、西本にかかわってまず浮かんでくる思い出は「掌《てのひら》の感触」である。

キャンプ地で、キャッチャーフライを追って、勢い余って顔がベンチ近くのコンクリートの壁にぶち当たりそうになった。そこへ、飛び込んできた西本の掌が差し込まれていた。

「世界の盗塁王」福本は、西本を「ジッちゃん」と呼ぶ。ベンチに座る西本はいつも、苦虫を嚙みつぶしたような顔をしていた。威厳があって、親しい口をきいたことはない。一緒に酒を飲んだということもないが、いまも親しみを込めて「ジッちゃん」と呼ぶ。もの言いにおのずと伝わってくるものがある。

山田久志が阪急の大エースとなった一九七一（昭和四十六）年。日本シリーズ第三戦、巨人打線を完璧に抑え込んで九回裏まで一―〇とリード。が、土壇場で王貞治に逆転サヨナラスリーランを喫する。マウンドにしゃがみ込んで動けなかった。ヤマ、ご苦労さん。また明日や――。顔を上げると、そこに西本がいた。打たれてマウンドにやって来るような人ではなかったのに……。目線がやさしかった。

選手たちの記憶に仕舞い込まれている西本像は、鉄拳監督ではなく、それとは別の、西本が生来宿していたもうひとつの像である。

三原・西本から深く学ぶ

年齢でいうと、仰木は西本の十五歳下である。福岡の出身。東筑《とうちく》高を出て西鉄ライオンズに入団、「知将」三原脩《おさむ》が率いる黄金期ライオンズのセカンドを守った。ジャイアンツを破って果たした日本シリーズ三連覇は伝説と化している。

マウンドには鉄腕・稲尾和久。打線は、一番から高倉昭幸、豊田泰光、中西太、大下弘、関口清治……。仰木は七番を打った。西本の目に映っていた仰木は、「猛者《もさ》連中のゴツゴツした岩に挟まる可愛い雌石《めいし》」というもので、印象度は強くない。

仰木は自身を「二流半の選手だった」と述懐する。西本もそうであったように、プレーヤーとしての才と指揮官としての才は別物なのだろう。

ただ、三原は仰木の宿すものが視《み》えていたのか、しばしば、個人的な「寺子屋」を開いて野球学を伝授してくれた。

現役引退後、仰木が近鉄のコーチになるのは、監督をつとめる三原に誘われたからである。翌年、三原は近鉄を去るが、「オレから離れて他人のメシを食うのもいいだろう」と言い残した。以降、仰木は近鉄コーチを長くつとめていく。

三原が退いて二年後、西本が近鉄監督に就任する。西本・近鉄になって三年目、仰木は二軍から一軍コーチに引き上げられ、三塁ベースコーチを担当する。一点を争う終盤、ランナーを突っ込ますか、止めるか、ベースコーチの判断が試合を決めるときがある。

六年間、西本は近鉄を退団するまで仰木をベースコーチから動かさなかった。

「アウト・セーフの結果から見て、仰木の判断が常に正しかったわけじゃない。ただ、ベンチから見ていて、ここは際どいが思い切って突っ込ませてくれ、逆に自重させてくれと思う場合がある。その点で、ベンチと仰木の判断が違ったことは一度もなかったね」

もうひとつ、コーチ仰木に残っている風景は、ミーティングで西本が話し出すと、ポケットからメモ帳を取り出してメモをしたことである。監督の指示を忠実に守り、それを正確に選手に伝えんとする。あくまで監督のサポート役に徹するのが仰木というコーチだった。後の〝奔放なアイディアマン〟をうかがわせるものはまるでなかった。

西本は冗談めかしつつ、こういったものである。「あんなにアイディアマンとは知らなかったね。オレのときにもっと知恵を出してくれたらよかったのに」と。

仰木はこう振り返った。

「監督の意思を汲み取って実行するのがコーチの役割だと思っていましたからね。それに、西本さんは学ぶに値する人だった。僕がもっとも影響を受けたのは、三原さんと西本さんです」

仰木は職務に忠実な人だった。言葉を補うとすれば、それが〝他人のメシ〟を食うということでもあったのだろう。

選手は自然に大きくなる

西本は二度の優勝を置き土産に近鉄を去り、同時に監督生活にピリオドを打った。後任について相談があればこう答えるつもりでいたという。順番からいえば関口清治が、能力からいえば仰木が適任でしょうと――。

関口が二年、さらに岡本伊三美《いさみ》が四年をつとめた後、ようやく仰木が監督に就任する。五十二歳になっていた。

近鉄で計五人の監督に仕えたコーチ歴は十八年におよぶ。一、二軍の内・外野守備、走塁、打撃、投手、三塁ベース、ヘッドと、コーチ職のすべてを体験した。監督への準備は十分過ぎるほどあったというべきであろう。仰木について浮かぶ人物像のひとつは、「忍ぶ人」という

1996年10月、オリックスが初の日本一に輝き、胴上げされる仰木監督

ものである。

就任一年目、仰木・近鉄の最終試合「一九八八・一〇・一九　川崎球場」は、いまも語り草となっている。

首位を行く西武ライオンズに近鉄が猛追、最終対ロッテ戦のダブルヘッダー、連勝すれば近鉄の優勝だ。第一戦は逆転勝ち、第二戦は引き分け。一歩およばずに終わったが、二試合合わせて七時間半余の死闘だった。

以降、近鉄で五年、オリックスで八年、計十四年間、仰木は指揮を執る。優勝は都合三度であるが、演出上手の〝面白い監督〟であり続けた。

近鉄では、中日ドラゴンズの二軍でくすぶっていたラルフ・ブライアントを譲り受け、細かい注文はなにもつけず、豪快に「三振かホームランか」の三番打者に仕立て上げた。野茂英雄の変則的な「トルネード（竜巻）投法」を一切さわらず、伸び伸びと投げさせ、後年、米球界に送り出した。オリックスでは、キャンプで鈴木一朗という細身の二軍選手が外野から糸を引くような球を投げ返すのに目を奪われ、一軍に引き上げ、「イチロー」と命名して大選手へと変身させた……。

選手の育て術において、西本のそれが鍛え込んで開花させていったのに対し、仰木のそれは、放任して選手にゆだねたという印象がある。

仰木が手がけた選手は他にもいるが、水を向けても「育てた」という言い方を好まなかった。

「オレが育てた選手などいませんよ。彼らが自然と大きくなっていくのを邪魔しなかっただけだ」

オリックス時代、絶対的な戦力はなく、毎日のように打線を入れ替える「日替わり打線」も話題を呼んだ。異名を列記すれば、アイディアマン、マジック、パ・リーグの広報部長、酒豪、勝負師、豪快、遊び人、放任主義……などなど。いずれも人・仰木彬の一面を伝えている。

仰木と西本の共通項は、パ・リーグひと筋に生きたことである。パ・リーグは長く人気薄のリーグだった。いかにして客に来てもらうのか、選手をどう売り出すか、どうすればマスコミが取り上げてくれるか……。興行という側面に視線をやるのも監督の役割であろう。仰木はその業務にも熱心な人だった。コーチという職務に忠実な野球人であったように。

厳しさのなかに情を宿す

西本幸雄の自宅は宝塚市内を流れる逆瀬《さかせ》川の側にあって、阪急・宝塚駅から車で数分の距離にある。その時々、訊きたいテーマをもって、都合三度、お邪魔したと記憶する。

愛想はない。ただ、正直で、包み隠すことのない語り手だった。どこか含羞《がんしゅう》の気配がある人でもあった。帰り道、いい話を聞けたという思いが残って気分がよかった。あるいはそれは、良き〈人格〉に触れたという心地よさであったのかもしれない。

「悲運の名将」という異名は、日本シリーズで勝ち得なかったことに由来する。敗因として、二度にわたる満塁での「スクイズ失敗」(一九六〇年大毎での対大洋ホエールズ戦。七九年近鉄での対広島カープ戦)があげられてきた。

前者は打席に立った谷本稔の「ころがらなかったバント」が、後者はマウンドにあった江夏豊の「二十一球」が語り継がれてきた。いずれにせよ、バントを命じたのは西本である。その作戦を採った心理について語ったあと、こうつけ加えた。

「いまにして振り返れば、個々の作戦の失敗というよりも私自身に甘さがあったんでしょうよ。リーグ優勝したんだからまあいいじゃないかという気分がどこかにあって、それが選手にも伝わっていた。鬼監督とも呼ばれましたが、結局、鬼にはなり切れなかったんだね」

そうであったのかもしれない。ただ、厳しさのなかに〝情〟を併せもっていたことが、他のどの監督にもない趣を醸し出していた。

〝鬼監督〟がなぜ選手たちに慕われたのか。腑《ふ》に落ちてくるのである。

両氏が足跡を残した阪急（オリックス）・近鉄が合併し、新たにオリックス・バファローズが誕生したのは二〇〇四年のこと。監督には、両チームに睨みのきく人物ということだったのだろう、野球評論家になっていた仰木彬が呼び戻された。

翌年の春先、キャンプ地へ向かう前、たまたま神戸のホテルで出くわし、バーに誘われた。スポーツ新聞の記者たちも一緒だった。

「七十歳というジイサンに監督を引き受けてくれという。球団もよほど困ったんでしょうよ……頼まれたら嫌とはいえんさ……僕はやはり現場の人間だ、解説者は向いていない……戦力的には苦しいけれど、仰木らしさは見せるよ……まぁ死場所を与えてもらったつもりでやりますよ」

以前と同じように、闊達な仰木であったが、少し瘦せて、水割りのピッチもゆっくりしていたのが気にはなった。後日、知人の記者より、病を抱え、シーズン終盤には球場の階段の上り下りも困難なほどに弱っていたと耳にした。

この年、オリックスは四位の成績で終わった。訃報が伝えられたのは、シーズンが終了し、師走に入ってからである。

ある新聞の評伝は、「……酒を飲めば踊りもあり、妙齢の女性がいればはしゃぎもする。ちょっぴりのぞく不良性もおおきな魅力。不思議な男ではあった」という文で締めくくられている。

そう、不思議な人ではあった。大雑把で緻密、ヒラメキ流でデータ重視、豪胆で繊細、遊び人で生真面目というように、いくつか相反する引き出しを持つ人だった。新聞を閉じつつ、こう追悼の言葉を口にしていた。

でも、なかなか粋なオジサンじゃなかったか——と。

ビートルズとオノ・ヨーコ

世界を変えた港町の四人の若者
孤独なジョンと共振した巫女

イングランド西部、アイリッシュ海に面した港町リバプールを訪れたのは二〇〇二年冬のこと。雑誌の仕事で、一九六〇年代、イングランドで起きた二つの突出した出来事、ポップ音楽の「ビートルズ」およびサッカーの母国で開かれたW杯での初優勝を取り上げたいとのことで、執筆依頼があった。

ともに知識や蓄積は乏しく、躊躇したのであるが、「一九六〇年代」という括りには心惹《ひ》かれるものがあって、引き受けた。

ジョン・レノン、ポール・マッカートニー、ジョージ・ハリスン、リンゴ・スターの四人は、この町で生まれ、育ち、バンドグループ「ビートルズ」を組み、やがて世界を席巻《せっけん》していった……。

町には基調となる色彩があるが、リバプールのそれは、サンダーストーンと呼ばれる赤茶け

1966年、日本武道館の特設ステージで公演するビートルズ

たレンガ色である。濃霧と小糠雨《こぬかあめ》が古い町並みをしっとりと濡らしていた。

まずはビートルズゆかりの地を回ったのであるが、恰好の案内人がいた。市の観光局公認の「ビートルズ・ガイド」阿部卓二である。

一九六〇年代後半、「世界放浪の旅」に出、リバプールに落ち着き、病院のスタッフとなり、妻帯し、趣味が高じて「もうひとつの仕事」をはじめたとのことである。

四人は戦時中に、船員の、看護婦の、市バス運転手の、ホステスの子として生まれている。育った住宅《ハウス》、一軒家《ディタッチト》、二軒住宅《セミディタッチト》を訪れた。少年期は一九五〇年代。戦勝国とはなったものの、大英帝国は衰退し、リバプールも往年の活気を失っていた。

あまり家に居つかず、町なかで仲間とた

むろして時を過ごす。とりたてていうことのない、ごく普通の少年たちだったのだ。労働者《ワーキング》階級《クラス》の子供たちが容易に手にし得る楽器はギターである。セント・ピーターズ教会の中庭で、少年ポールがギターを弾いていたジョンと出会う。それがグループ結成へとつながっていく。

ビートルズという名は、リズム音のビートとカブト虫《ビートル》の合成語である。イギリスでは、カブト虫はゴキブリと同じイメージの昆虫とか。彼らが自身たちをそう名付けたのはよくわかるように思えるのだ。

学校時代のバス通りの風景を歌った『ペニー・レイン』。環状交差路《ラウンドアバウト》、パブ、銀行、床屋……などがそのまま残っている。ジョンの遊び場で、庭にイチゴ畑が広がる孤児院を追想した『ストロベリー・フィールズ・フォーエヴァー』など、ゆかりの地を回る。

港に出る。マージー川の河口付近、倉庫群が並び、対岸には貨物船が横づけされている。往時、リバプールの貿易量は世界一、ニューヨーク間を行き来する船舶は年間千隻を超えた。

港町には海外の最新音楽が流入する。ジャズ、ロック、アメリカン・ポップス、アイリッシュ・ブルース、アフリカ音楽……。一九六〇年代、リバプールには若者バンドが百以上あった。リバプールがビートルズを生んだのは偶然であろうが、他の町から生まれたとは考えにくい。彼らの中に、港町の雑多なＤＮＡが埋め込まれている。

形式それ自体を破壊する

この少し前、雑誌の人物ノンフィクションで、オノ・ヨーコをやりませんか、という話が持ち込まれた。私には遠い人のように思え、あまり食指は動かなかったが、腰を上げた。ニューヨーク在であるが、来日中ということで、東京で最初のインタビューをした。ジョン・レノンと出会う前の、半生のあらましをうかがった。

ややせき込んで話す。「私は」は「わたくしは」という。「男は」は「男性は」という。響きのいい、きれいな日本語を話す人だった。育ちに由来するのだろう。

小野洋子。一九三三（昭和八）年、東京生まれ。父・英輔は横浜正金銀行（後の東京銀行）のサンフランシスコ副支店長、ニューヨーク支店長などを歴任した。祖父・英二郎もバンカーで元日本興業銀行の総裁。母・磯子の旧姓は安田。安田財閥の出である。

幼年期の最初の記憶は、サンフランシスコの坂道でころんだとき、母の磯子から「自分で起き上がりなさい」といわれたことだ。あなたが意気地なしだったら日本人みんなが意気地なしだと思われてしまう――という言葉も覚えている。自立心をつちかうことを自然と覚えた。日米間の緊張が高まり、開戦の年、家族は帰国する。八歳の日である。

鎌倉にあった安田家の別荘も記憶に鮮明だ。父も母も不在が多く、かしこまったお手伝いさんたちに囲まれ、食事は長いテーブルに一人座って食べた。

お気に入りの場所は、広い庭の果樹園の木の下。ある日、「大発見」をした。桃と梨の種を半分に割ってくっつけたら新しい品種ができる。一刻もはやく、世界に知らせないといけない……。憑《つ》かれたように思った。

自立心と孤独と脈絡を超えたイマジネーション。彼女にまとわりつく属性は少女期の日々にも見出すことができる。

戦後、学習院大を中退、父の勤務地ニューヨークに渡り、東部の名門、サラ・ローレンス大学に入る。一九五三（昭和二十八）年、二十歳の日。実存主義、ロック、不条理劇、性革命など、多彩な〝文化革命〟の波に洗われはじめた時代である。

ヨーコは、詩作、作曲、造形、即興《ハプニング》、演出、ロックシンガーなど多彩な前衛アートの世界にかかわっていく。精神的にはいつも不安定で、自伝『ただの私《あたし》』（一九八六年、講談社）では、自殺未遂や精神・神経科の医院にお世話になったことも記している。

「カッティング・ピース」というイベント。ヨーコ自身がステージに座り、観客が彼女の着ているスーツを一片ずつハサミで切り取っていくというもの（一九六五年、ニューヨーク）。「バッグピース」という即興。黒い大きな袋の中に男女二人が入り、中で服を脱いで裸となり、また着直して出てくるというもの（一九六七年、ロンドン）。

「グラス・ピース」。グラスを金槌《かなづち》で砕き、破片に番号をつけ、瓶《びん》に詰めて展示する（一九七一年、ニューヨーク）。

私には〝よくわからん前衛アート〟と映るのであるが、形式それ自体の破壊と、精神における渇望感は伝わってくる。

四人はスーパーアイドルに

好々爺という風情の老人だった。アリスター・テイラー。現存するなかでいえば、ビートルズを語れる数少ない証言者であろう。

若き日、地元紙『リバプール・エコー』に、レコード店の「アシスタント募集」という求人広告を見て応募した。音楽好きで、レコード店の店番ならつとまりそうだと思ったのである。

一九六一年十一月九日。ビートルズと出会った日をテイラーは覚えていた。ところはキャヴァーン・クラブ。船員たちが集う、繁華街の地下にある小さなライブハウスである。レコード店の経営者、ブライアン・エプスタインも同行していた。後、伝説の音楽マネージャーとなる。

ポップスともロックともつかぬ、「うるさい曲」を演じる若者グループがいた。コードも間違っている。ガンガン鳴る音響に音を上げて店を退散した二人であったが、気になるものが残った。このバンドには何かしら惹き付けるものがある……。

〝耳直し〟ということで入ったレストランで、しばし沈思していたエプスタインが、こう切り出した。あのグループを売り出したい。レコード制作を担当してほしい。報酬は売り上げの二・五パーセントでどうか、と。オーケーと返事をしつつ、テイラーは条件をつけた。パーセンテージ契約より給料を上げてほしいと。週給十ポンドの安月給だったからである。

「これは後日、だれかが教えてくれたんだが、その契約を結んでおけば、一億八千万ポンドを得たっていうことなんだがね」

そういって老人はおかしそうに笑った。

活動拠点をロンドンに移し、はじめて出したレコードが『ラヴ・ミー・ドゥ』(一九六二年)。以降、出すレコードはすべて大ヒットし、四人の若者は一挙手一投足を追われるスーパーアイドルとなっていく。

なぜに彼らは突出した存在になっていったのか?

「その問いの前に幾度となく立たされたけれども、うまく答えられたためしがない。突き詰めていえば彼らの人間性というべきか。四人のそれがうまく化学反応した。あの時代、数えきれないほどのバンドが生まれた。人気チャートを調べれば、No.1、No.2、No.3の順番ができるだろう。でもビートルズは入らない。そういう順番を超えたもの、比べられないもの、それがビートルズだった」

テイラーは「ミスター・フィックス(よろず始末屋)」となり、「嵐の日々」を過ごしていくが、最後のアルバム『レット・イット・ビー』（一九七〇年）の制作まで、ビートルズの全史にかかわった。

「男を立てる古風な面」も

オノ・ヨーコへの二度目のインタビューは、ニューヨークのセントラルパーク側に建つ高級アパート、ダコタハウス七階の一室で行った。アートには遠いものを覚えつつ、〈言葉〉はすとんと落ちてくる。「巫女《みこ》」という言葉が耳に残った。

「体内に触れてくるものがあったら自然と表現できるというか、巫女なんですね。そういう人間だったとしかいいようがない」

——自身を駆り立ててきたものは？

「そのときどき、自分らしくありたいということ。生きていないという感触が嫌いなのね。人生ってプロセスでしょう。そのときどきの作品もプロセスだった。繰り返しはきかないし、繰り返すことが嫌いだった。プロセスが固定してしまえば私にとっては死なんですね」

創造への衝動は、彼女のもつ固有の原質から発しているのだろう。その意味では〈純《ピュア》なる人〉だった。

ヨーコがジョン・レノンと出会うのは一九六六年秋の日。ロンドンでの個展にぶらっと入ってきたのがジョンだった。「ハンマーで釘を打つ絵」という作品もあった。

「本当に釘で打っていいのか」

「五シリング出せば」

「それなら想像で打つ」

それが二人の最初の会話だった。この日からジョンはヨーコの新奇なアートの催しに顔を出すようになる。出会いから三年後、二人は結婚する。ともに再婚で、ジョン二十八歳、ヨーコ三十六歳。

「夫婦としていえば噛み合わせが良かったと思いますよ。言葉以前のところで、パッパッと通じていて、インスピレーションで会話していた。魔法使い《ウイザード》と魔女《ウイッチ》が出会ったというか、合わせ鏡というのか」

1971年の誕生日にジョン・レノンから贈られた「白いピアノ」の前に立つオノ・ヨーコ

――共通してあったものは？

「それははっきりしていて、お互いが孤独な存在だったということ。それを埋めようとしたのがジョンの音楽であり、私のアートだったことははっきりしている」

以降、別居した時期もあったが、二人の暮らしは永訣の日まで続いていく。

外交評論家の加瀬英明はヨーコの従兄弟《いとこ》であるが、少年期からヨーコと交友してきた。何かにつけて「翔んでる女」であるのは確かだが、「男を立てる古風な昭和の女」の一面もあるという。そのことも嚙み合わせの良さにつながっていたのだろう。

いまも響くメッセージ

ビートルズ人気は沸騰した。アメリカ公演（一九六四、六五、六六年）、日本公演（六六年）、フィリピン公演（同）では、いずれも人々が会場に押しかける大騒ぎとなった。エリザベス女王より、外貨獲得の功績によりＭＢＥ（英王室名誉会員）勲章が授与されたことでも話題となった。

ビートルズの来日にさいして、老政治評論家は「〝乞食芸人〟に神聖なる日本武道館を貸すのはケシカラン」と発言して物議を醸した。

当時の大人たちのビートルズ観が如実にうかがえるが、大人たちは二重に間違っていたのだ。

ビートルズは別段、〝秩序破壊者〟でもなんでもない、せいぜい世のハミダシモノに過ぎなかったことに対して。そしてこのロックバンドは、彼ら自身気づくことのないほど深いメッセージを宿していたことに対して。

ロンドンでマイク・エヴァンズという音楽評論家に会った。リバプールでバンド活動をした時期があり、『アート・オブ・ザ・ビートルズ』という著も出している。

ビートルズの歌としては、『ラバー・ソウル』『リボルバー』『サージェント・ペパーズ・ロンリー・ハーツ・クラブ・バンド』などに収められた、中後期の曲を評価したいという。彼らは若者から大人へ、アイドルからアーティストへと変貌していった。

ビートルズが伝えたものはシンプルである。単純化していえば、初期は「男の子と女の子の物語」、後期は「愛と平和」だった。

——平凡ですが。

「そうね。でも音楽的な力があった。別段、政治的なメッセージはなかったけれども、リスナーに、自由なんだ、君だって何かができるかもしれないって語りかけていた……」

ビートルズの、また一九六〇年代の、いまなお意味あるものはこのメッセージに尽きているのかもしれない。

ロンドンの中心部にあるアビイ・ロードのスタジオ録音室に、ジョンに付き添ってヨーコが現れるようになる。それがグループの亀裂を招いたという説もあるが、些末なことに過ぎまい。

辣腕マネージャー、エプスタインは睡眠薬の過剰摂取によってすでに亡くなっていた。ジョンとポールは単独での音楽活動を企図し、グループがひとつになって立ち向かうべき根拠が喪失しつつあった。

一九六〇年代を全速で駆け抜けたビートルズは、一九七〇年に解散した。以降、老いることなき伝説のなかで生き続けていく。

「ニューヨーカー」という言葉が似合う

それから十年後――。夜、ダコタハウスに帰宅したジョンとヨーコが階段口に向かったとき、後ろから「ミスター、ジョン?」と声がかかった。振り向いたジョンに、五発の銃弾が発射された。撃ったのは、熱狂的ファンを自称する、精神を病んだ男だった。

側にいたヨーコも血に染まりながらジョンをパトカーに乗せて病院に運んだが、到着したとき、もう息はなかった。

ニュースはすぐ、世界に打電された。私はタクシー中のラジオで聞いた。興奮気味にまくしたてる運転手の声を聞きつつ、世を照らす光の目盛りがまた一段、ふっと暗くなったような感触に襲われたことを記憶する。

ジョンを失った当座、ヨーコはよく訊かれたものだ。こんな悲しい想い出のあるところによく暮らせますね、と。そのたびに、こう言い返したそうだ。あなたは家族の不幸があるたびに引っ越しをするんですか、と。

その口調まで浮かぶようである。そっけなく、また毅然《きぜん》として。オノ・ヨーコにはやはり、ウェットな話より荒野に独り立つ話題が似合う。

平和、反核、銃規制、緑化……そのときどきの時代的テーマに、過剰な即興を伴った発信を続けていく。

また年月が流れた――。ようやく落ち着いた日々が訪れているようである。ジョンとの間に生まれたショーンも成人した。先夫との間にできた娘との音信も回復し、ヨーコは孫をもつ身ともなっている。

午前中はダコタハウス一階に設けたオフィスでビジネスの用件をこなす。終わると、セントラルパークを散歩し、昼食を済ませる。午後は人に会ったり、スタジオに出かけたり。七階の私邸から、ただぼんやりと空を眺めているときも多い。夕食は野菜と玄米食を中心とした簡単なもの。夜はもっぱら読書。その日、手にしていたのは『ゾルゲ』だった。

いま、帰るべきはニューヨークの他にない。なんでもありの、多人種で多国籍。それぞれが過去を引き摺《ず》りつつ、己の才覚でもって生きている。孤独が癒《いや》されることはないが、孤独性においても互いがつながっているこの街が好きだ。「ニューヨーカー」という言葉がもっとも似合うのが彼女だった。
二つの旅の途上、繰り返し思っていた。ビートルズとは何であったか、と。うまく言語化できぬままでいるが、ビートルズ最後の歌、『レット・イット・ビー』の第一節がふっとよぎったりもした。作詞・作曲はジョン・レノンとポール・マッカートニーの共作と伝えられている（訳・著者）。

When I find myself in times of trouble　苦境に立たされたとき
Mother Mary comes to me　聖なる母が現れ
Speaking words of wisdom　箴言を伝えてくれる
Let it be　在るがままであれ、と……

在るがままであれ――。だれもそうありたいと願いつつ、この世を渡る中、そうであることから遠ざかっていく。だからよけい、ビートルズのメッセージは世の多くの人々に受け入れられたのだろう。そして、この言を先鋭的に体現していた一人がオノ・ヨーコだったのだろう、と。
かつて、ヒロヒト（昭和天皇）と並んでもっとも著名な日本人といわれたオノ・ヨーコ。すでに彼女も生ける伝説であるのかもしれない。

高橋繁浩と鶴峯治

再挑戦と「人生の金メダル」どん底の日々も振り返り得る

愛知・豊田市にある中京大学水泳部のプールは二十五メートルの室内プールである。女子を含め、部員五十数人。コースをさらに縦半分に割った細い水路に、部員たちが水しぶきを上げ、前後入り乱れながら泳いでいる。壮観である。

プールサイドに、体育学部講師（現スポーツ科学部教授）で水泳部監督の高橋繁浩《しげひろ》が立っている。ストップウォッチを手に、タイム表に目を落とし、プールから上がってきた部員たちに声をかける。顔立ちも雰囲気も「兄貴」という感じの監督である。

かつて水泳王国を誇った日本には、スイマーたちの栄光の物語が存在する。高橋のそれは栄光というにはほど遠いが、劇的ということでは屈指の物語になるであろう。その競技人生を、二百メートル平泳ぎにおける二つのタイムに集約して語ることもできる。

二分一七秒八一

二分一七秒六九

前者は、一九七八（昭和五十三）年、米カリフォルニアのサンタクララ国際招待レースで出した年度世界最高兼日本記録。後者は八八（昭和六十三）年、ソウル五輪でのタイム。その差、〇・一二秒。この間、十七歳から二十七歳、十年の歳月が流れている――。

近年、オリンピックに出場するような選手は、ほとんどスイミング・スクールの出身であるが、高橋にスクールの体験はない。滋賀・草津で育ち、小・中と、通学した学校のプールが唯一、泳ぐ場所だった。

高橋は泳ぐことにかかわって二人の恩師がいる。一人が、草津・松原中の女性教諭で水泳部顧問の北川治《はる》。

丸坊主で童顔、細い体躯の少年だった。すらっとした体型に、手足が長くて大きい。ぴんとくるものがあって、北川は平泳ぎをすすめた。

運動場の隅にある二十五メートルプール。他の部員が十かき余で到着するところ、五かきほどで着いてしまう。〝バケツ泳ぎ〟もさせてみた。チューブを腰に巻きつけ、その先にバケツをぶら下げ、その抵抗でスピードを抑えようとしたのである。

北川の目に映る高橋は、純で素朴な子、だった。手を抜くとか、膨れ面をするとか、そんな態度は一度も見せたことがない。

二年生時、全国中学校水泳大会の決勝に出場、三年生時には百、二百メートルの中学記録を塗り替える。自宅の座敷で、往時の新聞の切り抜きファイルを見ながら、北川は目を細めて思い出を語った。

卒業後も、草津に帰郷すると、高橋は北川の家に立ち寄る。二児の父親となっても、その習慣は変わらない。高橋にとって北川は、「そう、そうなの」と相槌を打ってくれる人であり続けてきた。

片田舎の学校の、顧問先生と純朴少年。何の夾雑物《きようざつぶつ》もなかったという意味では、スイマー高橋繁浩の黄金時代は、中学時代にあったのかもしれない。

もう一人の恩師を鶴峯治《つるみねおさむ》という。東京・メキシコ五輪の平泳ぎの選手で、その後、広島・尾道高から中京高・大の教員となり、指導者の道を歩んだ。ミュンヘン五輪、百メートル平泳ぎの金メダリスト、田口信教《のぶたか》（尾道高－広島修道大）は教え子の一人である。

鶴峯が高橋を知ったのは、全国中学校水泳大会で、高橋は二着であったが、泳ぎは優勝者よりはるかによく見えた。手のかきが大きく、十分に足を引きつけ、たっぷりと水を捉えて蹴り出す――。これは世界に通じる平泳ぎだと直感した。

尾道高、中京高・大を通じ、鶴峯は高橋のコーチとなり、師となる。泳ぎそれ自体について、とくに指導したことはない。高校入学時にすでに完成していたからである。

サンタクララでの快泳

サンタクララはサンフランシスコから車で南へ一時間、ベイエリアの一角にある小さな町である。この町名を世界に知らしめたのは、サンタクララ・スイミングクラブであろう。名伯楽ジョージ・ヘインズは数多くの金メダリストを育てた。〝泳ぐ芸術品〟と呼ばれたジョン・ショランダー、〝水泳の申し子〟マーク・スピッツもその一人である。

一九七八年六月、二年後のモスクワ五輪を念頭に、尾道高二年の高橋など八人の若手が選抜され、海外合宿としてサンタクララに派遣された。

引率者をつとめたのが日本水泳連盟競泳委員（のち外国委員長）の東島新次《ひがしじましんじ》。日大時代はメドレー選手であったが、卒業後、カリフォルニアにあるサンノゼ州立大学でコーチ学を学び、サンタクララでアシスタント・コーチをつとめたキャリアもある。ＮＨＫで水泳解説者も長くつとめた。

当地で東島が高橋にかかわって覚えていることは二つ。まずは、泳ぎのスケールで、これまで日本が生んだ歴代のメダリストたち、あるいは海外のトップスイマーと比較してなんら遜色ない逸材と思えた。

もうひとつは高橋の人となりである。サンタクララでの合宿はひと月におよんだ。アパート

1988年、ソウル五輪200メートル平泳ぎに出場した高橋繁浩

を借りての自炊生活で、食料品の買い出しなども選手たちが順番で担当した。長期の共同生活はぎくしゃくすることも起きるが、いつも控え目で、にこやかな表情を崩さないのが高橋だった。

合宿の締めくくりとしてあったのが国際招待レース。二百メートル平泳ぎでは、二年前のモントリオール五輪の覇者、ジョン・ヘンケンも出場してきた。

このレースについて、高橋は「ざぶんと飛び込み、ぐんぐん飛ばし、ただ一気に泳いだ」という記憶しか残っていない。記録も優勝も脳裏になく、ヘンケンと一緒に泳げることに興奮していた。

二百メートルの場合、百二、三十メートルあたりで苦しくなってくるが、それがない。最後のターンを終えてなお体が軽い。

ラスト、突き抜けるような勢いでゴール板にタッチした。夕闇に浮かび上った電光掲示板の数字を、自身びっくりする思いで見詰めていた。

十七歳という時に輝く光芒であったろう。

「丸坊主の怪童」「田口二世」「モスクワ五輪の星」。若者は一躍、水泳界のホープとなる。その後、長いぬかるみの道が待ち構えていることを知るよしもなかった。

ストローク泳法が裏目に

高校三年になった翌年春、高橋は鶴峯に従う恰好で愛知・中京高に転校する。尾道高の経営問題から波及した事柄だったが、転校できない部員も生まれ、辛かった。不吉な前兆であったかもしれない。

この年、舞台は暗転する。

高橋の泳ぎは、大きなストローク泳法である。上下動が大きい分、後頭部が〝水没〟する瞬間がある。それが当時の競泳ルールに抵触し、大会で二度、三度と失格を宣告される。それも、同じ程度の水没で、場所によってアウト、セーフが異なるのだ。

とりわけ代々木オリンピックプールで開かれたFINA（国際水連）ワールドカップでの失格はショックだった。優勝者と競り合い、ゴールに雪崩《なだれ》込んだ。タッチの差で勝ったと思ったところが二位。プールから上がって控室に戻ったところで失格を言い渡された。

長い不振の季節がはじまる。後頭部が気になってスピードに乗れない。微妙なタイミングのずれが全身に伝わっていく。「へこんだ金だらいのようなもの」だった。一箇所を叩いて修正すると、他の箇所が膨らんでくる。

顎《あご》を引け、呼吸を遅らせ、目線を上げよ……。さまざまなアドバイスを聞いているうちに泳ぎは崩れていく。水没対策のため、髪を長く伸ばした時期がある。後髪を括ってチョンマゲにしようかと思ったのである。

泳法の問題だけではなかった。なぜうまく泳げないのか、なぜ悪くいわれるのか、そもそも何のために泳いでいるのか……どれも答えが得られない。快活な若者は、次第に無口な若者へと変わっていった。

中京大での一、二年生時、高橋は二百メートルを二分二十数秒で泳ぐ平凡なスイマーだった。モスクワ五輪に日本チームは参加することなく終わったが、高橋は派遣候補選手にも選ばれていない。

高橋はもがき、それを見詰める鶴峯も苦しんでいた。壁に当たる。スイマーにはつきものだ。猛練習によって突破するしかない。〝ガンバリズム〟が鶴峯の水泳哲学だった。

世代もかかわりがあるだろう。一九四一（昭和十六）年生まれ。鹿児島の出身。東京五輪時は自衛隊体育学校生で、その後、日大に進んでいる。自身、不振もスランプもあったが、猛練習で乗り越えてきた。

　高橋の記録が伸びない。だったら練習だ。試合翌日から猛練習を再開する。高橋はまたそれについてくる選手だった。

「後日、高橋君には申し訳ないことしたなぁってよく思いました。失格騒ぎのあった時期、高校三年生は心身ともに疲れ切っていた。二か月でも三か月でも休ませなければいけなかった。そうしたら、また違う選手生活を歩んだでしょう。……悔いですね。いまもそれは残っていますよ」

　復調の兆しは徐々に現れてきた。大学四年生時の学生選手権の百メートルで優勝。翌一九八四年、ロサンゼルス五輪のメンバーに選ばれる。

　二十三歳。初の、また最後のオリンピックだ……。百、二百とも決勝には進めなかったが、十位、十二位の成績を残した。

　その後、高橋は〝引退〟し、スポーツ科学、運動生理学をテーマに大学院に進み、体育学部助手となり、コーチとして鶴峯の片腕となる。水に漬《つ》かることのない静かな日々が過ぎていった――。

じりっじりっと高まる心

ソウル五輪の前年、函館でパンパシフィック国際大会の国内選考会があり、高橋は部員たちを引率して出向いていた。夜、高橋、東島、テレビ朝日スポーツ部の塚崎修治が連れ立って居酒屋に腰を下ろした。

塚崎は学年でいえば高橋の二年先輩である。東京生まれ。中大時代、西ベルリンで行われた世界水泳選手権の千五百メートル自由形で、日本人スイマーではじめて十五分台を記録した。高橋とはサンタクララで一緒に過ごした仲でもある。

塚崎にとって高橋は、「気のいい弟」であり、「田舎の素朴な自然児」だった。およそ高橋が人の悪口をいったのを耳にしたことはないし、他者から高橋の悪口を聞いたこともない。

ふっと思いついたという口調で、東島がいった。

「シゲよ、相変わらずいい体してんな。来年だけど、平泳ぎは目途立ってないんだ。どうだい、まだ現役の連中に負ける気はしないだろ」

ジョーク混じりの言い方ではあったが、まんざらそうでもなかった。東島にとって、サンタクララ以来、高橋はもっとも気がかりな選手だった。それは、高橋がついに往年の泳ぎを取り戻せなかったからではない。何か積み残したままに現役を去っていった感があったからである。

高橋が不振の頃、こんな問答を交わした日がある。

「シゲよ、楽しいかい」

「楽しいことなんてないですよ」

「じゃぁ、なんで水泳やってるんだ」

「……」

吹っ切れていない。この選手はこのままプールから去ってはいけない。そう思ったことが脳裏に残っていたのである。

「そりゃいい。二十七歳の復活か。ニュース番組にも使える。シゲ、やれよ」

塚崎もけしかけるようにいった。

塚崎は、高橋が彗星のように現れたときも、もがき苦しんでいた時期も知っている。平泳ぎは「何年かに一度、飛び抜けたスイマーがどこからともなく現れてくる」というのが塚崎の選手観だった。人為的につくることができない。高橋以上の逸材を見ることはその後もなかった。

このまま終わってほしくない――。高橋が引退してなお、塚崎にもそんな思いが残っていたのである。

二人のけしかけを受け流しつつ、この場で高橋ははっきりした返事はしていない。

やがて、自身の中でじりっじりっと高まってくるものがあった。

それに合わせるように、国際水連のルールが改正され、水面上に「常に」出ていなければいけなかった後頭部が「ストロークの間に一度」となった。あれほど苦しめられた水没問題は消えていた。

私事もあった。この前後、大工の棟梁をしていた父の茂と祖父が、ともに脳溢血で亡くなった。新聞に高橋の記事が出るたびに切り抜き、晩酌時に息子（孫）自慢をする二人だったが、切り抜くものがなくなってさびしいよ、と口にしたことがあった。もしカムバックすれば供養になるのではないか……。

尾道高〜中京高・大のコーチとして多くのスイマーを育てた鶴峯治

高橋は鶴峰に気持を打ち明けてみた。

メキシコのときは俺も二十七歳だったよ……疲れを溜めないようにするんだな……すでに高橋の決意を知っていたかのように、鶴峰は微笑を浮かべて答えた。

試合が近づけば、選手以上に闘志をたぎらせるのが鶴峰であったが、「やめたいと思ったら引き返せばいい」「負けたっていいじゃないか」と口にする。別人の観があった。

この日から五輪派遣選考会までの三か月は、長い競泳生活のどの期間とも異なる、「不思議な日々」だった。

年齢的にもう、猛練習はできない。水に漬かるのは一日一回とし、距離は四千から五千メートル。往時の半分以下だ。ダッシュの回数などもすべて自分で決めた。

試合が近づくといつも、じりっじりっと不安感が増してくる。不安を打ち消すために練習量を増やす。が、もうできない。それなのに不安感がない。泳いでいて楽しいのだ。楽しい泳ぎ——遠い少年の日に帰ったような日々だった。

十年越しの突破と震え

一九八八年六月、岡山・倉敷の総合室内水泳センターで開かれたソウル五輪の選考会。十代の伸び盛りの選手たちに混じり、〝老雄〟高橋の下馬評は四、五番手だった。

東島はＮＨＫの解説者の席に座っていた。

スタートから高橋が飛び出す。百のターンで体半分リード。全盛期を彷彿《ほうふつ》させる伸び伸びとした泳ぎだ。百五十でもリードを保つ。スタミナがもつかどうか……。

放送席はガラスのブースに囲まれていて、斜め横に鶴峯の姿があった。レース模様を語りつつ、声は聞こえぬままに鶴峯の仕種が目の縁に入ってくる。

鶴峯は拳を振り上げ、口をパクパク開けている。「行けー!」「行けー!」と叫んでいるのだろう。残りわずか。鶴峯はブースにしがみついてきた。高橋、先頭でゴール。東島は解説の言葉を吐きながら小刻みに体が震えていた。横を見ると、鶴峯が放心したようになってブース横でへたり込んでいた。


ソウル五輪の二百メートル平泳ぎ予選は、九月二十三日午前に行われた。高橋は予選七組。アメリカのバローマン、イギリスのムーアハウス、ハンガリーのサボー弟。いずれも高橋を上回るベストタイムをもっている。五十メートルまではほぼ横一線、高橋は百のターンでは遅れつつも先頭集団を追う。何番手かは気にならない。視野を狭くし、プール底の白線だけを見て泳いだ。

最後のターンをしたところで息が上がった。

もうがんばりだけだ。残りわずか、もう少し、もうひとかき、それで終わる――。伸ばし切った手の先がゴール板に触れた。

電光掲示板を見た。「TAKAHASHI/JPN」。

上から四番目。決勝進出は無理だ。まず落胆がきた。それから数字を見た。[2・17・69]

観客席で拍手が起きている。叫んでいる者もいた。ゴール板に寄りかかりながら、高橋は小さく、左手を上げた。十年前、自ら樹立した日本記録が破られた一瞬でもあった。

プールサイドに手を掛け、水中から身を引き上げる。サンタクララでは、レース終了後、もうひとレースでも泳げると思ったものだ。が、もういけない。両腕がぶるぶると震えていた。疲労困憊《こんぱい》からきたものか、別のものに由来していたのか、わからなかった。

観客席の前列に、北川治がいた。高橋の母すみ江や草津の町内会の人々と一緒に応援に来ていた。高橋が笑みを浮かべながら近づいてくる。あどけない笑顔はまるで変わっていない。でも違う。もう大人の貌《かお》だ。まぶしいものを見るように、北川は若者を見続けていた。

テレビで競泳予選の生中継はなかったが、東京で中継の受けをしていた塚崎は、リアルタイムでレースの模様を見ていた。

二分十七秒六九――というタイムにビクッとした。水泳選手だけが知る生理的な反応だった。そうだ、まずあの人に連絡しないといけない……。

豊田市内の自宅にかかってきた塚崎からの電話で、鶴峯は結果を知った。「人生の金メダルを取ってくれたように思います」と答えながら、体内のどこかに巣くっていたしこりが消えていくのを感じていた。安堵だった。かつてない深い安堵だった。

――この日から随分と歳月が流れている。プールサイドに立つ男に、かつて体験した十年の意味を訊いてみた。

「いろいろなことがあったし、随分と苦しかったけれども、もう振り返りたくない思い出じゃない。それは結果を残せたからいえることかもしれませんが……」

人は、栄光のために、名誉のために、あるいは報酬のために奮闘する。この中に、もうひとつ、加えてもいいのだろう。人は苦い過去を、振り返り得る思い出とするために奮闘する、と。

藤圭子と石坂まさを

みんな一生懸命生きていた
デモ学生も歌手も作詞家も

仕事部屋の隅に、ＬＰレコード数十枚が立て掛けてある。捨て切れずに残ってしまったもので、『新宿の女―演歌の星／藤圭子のすべて』もその一枚。ジャケットの表紙は、濃紺色をバックに、黒いベルベットのワンピースをまとった少女が、白いギターを抱え、遠くを見詰めて立っている。往時、聞き込んだレコードだった。

〽私が男に　なれたなら
私は女を　捨てないわ
ネオンぐらしの　蝶々には
やさしい言葉が　しみたのよ
バカだな　バカだな

だまされちゃって
夜が冷たい　新宿の女……

暗い歌詞の、暗い余韻を残す歌である。歌い手の声質は、割れたような低音の持ち主で、十八歳。よく光る瞳をもつ美少女であるのだが、暗い存在感をたたえている。ＬＰ盤の発売は一九七〇（昭和四十五）年三月。このレコードに引き込まれたのは、きっと時代状況にかかわりがあるのだろう。

一九六〇年代後半、学生反乱が巻き起こった。ただの一般学生だったが、デモに参加し、逮捕もされた〝阿呆組〟の一人だった。一九七〇年代に入り、そもそも幻想であったのだろうが、運動の伸びやかさや楽天性は急速にしぼんでいった。バカだな、バカだな、だまされちゃって――。流行《はや》り歌は身に染みた。

この年からいえば四半世紀、平成時代になっての一夕、和歌山のホテルで開かれたディナーショウの席で、『新宿の女』（作詞：石坂まさを、みずの稔・作曲：石坂まさを）を聴いた。身近で藤圭子を見るのも歌を聴くのもはじめてだった。

一九七〇年以降、彼女の人生模様は、歌謡グループ・クールファイブの前川清と結婚するも間もなく離婚。その後、渡米し、新しい伴侶を得て女児を出産、母親となる。以降、空白を挟みつつ歌手活動を行っている。和歌山での公演もそのひとつであったのだろう。

ありきたりの料理が並び、コーヒータイムとなったところで、ステージがライトアップされた。光沢あるロングドレスをまとった歌手が現れ、深々と頭を下げる。

歳をとらない顔立ちの人である。きらきらした眼差しに細身の体躯。四十代とは思えない。往時のレコードジャケットの姿が、ややふっくらとしてそこにいた。ドスのきいた、ややかすれた声質も変わらない。

サービスのいい歌い手だった。途中、ステージから客席に降り、手が差し出されると愛想よく握手する。年季の入った、プロの歌手がそこにいた。

客席で、黙って聴き入っていた。『新宿の女』『命預けます』『女のブルース』……と続き、『圭子の夢は夜ひらく』で締めくくられた。淡い郷愁に誘われつつ、それ以外の感情は湧いてこない。世は、慎ましやかな戦後から成長時代へ、飽食の時代へ、さらに混迷の時代へ……。すでに歌の根拠が失われている。場違いなのだ。歌詞はシティホテルのほんわかとした場で空転していた。

歳月は人を変える。〈藤圭子〉はすでに終わっている。同じように、私自身も変わっている。歌詞に感応すべき受容体が老いてしまっている……。それでも、かすかに届いてくるものはあった。〈藤圭子〉への旅をしたくなった。

70年を映し出した歌

『新宿の女』と〈藤圭子〉をつくったのは、絞り切れば一人の男である。枠を広げても二人。石坂まさを（本名・澤ノ井龍二）、そして榎本襄《えのもとじょう》である。

作詞家・石坂まさを。昭和 16 年生まれ

奇人、変人、天才——という石坂の人物評を耳にしていた。そういう一面はあれ、なにより天性の詩人なのだと思った。並んで街路を歩いていると、「ソミドレ、ソミドレ……」と口ずさみつつ、たて続けに歌詞が口をついて出てくるのだった。

石坂は一九四一（昭和十六）年生まれ。母子家庭で育っている。自宅があったのは新宿六丁目。母は、しもたや風の民家の三和土《たたき》に駄菓子を並べて生計を立てた。夜はいつも針仕事をしていた。のちに、母が生みの親でないと耳にしたが、石坂には関係なかった。ただ一人の、「日本一の母」と思い続けていたからである。

石坂は小学生時代から新聞配達や映画のポスター貼りなどのアルバイトをしていた。新聞は一般紙ではなく、ヌード写真などもたっぷり載った『毎朝報』。発行元は組事務所で、配達少年への指示は、一枚も残さずポストに入れることで、飲み屋が軒を並べる歌舞伎町やゴールデン街が一番手っ取り早い。新宿は、少年期から慣れ親しんだ「わが街」であった。

多難な十代を過ごす。高校受験に失敗し、結核にも冒される。路上で唾を吐くと血が混じっている折があった。母のつくってくれる「ニンジンおろし」が効いたのか、病状は徐々に収まっていく。

『圭子の夢は夜ひらく』（作詞：石坂まさを・作曲：曽根幸明）の第二連はこうある。

〽十五　十六　十七と
私の人生　暗かった
過去はどんなに暗くとも
夢は夜ひらく

『新宿の女』は一見、ホステスの恨み節とも受け取れるが、石坂の人生模様を色濃く投影している。『圭子の夢は夜ひらく』もまたそうである。

ただし、人と接するにおいて石坂は快活な人である。「高校は親孝行、大学は人生大学卒業です」といったりする。

やがて作詞家を志し、雑誌『新歌謡界』に投稿を繰り返し、東芝レコードに出入りするようになる。

当時、東芝があったのは有楽町のビルで、歌詞ができると母から六十円もらって家を出る。地下鉄代が三十円。駅に着いてディレクターにかける電話代が十円。いるとわかると口臭消し代わりのガムを買う。二十円。帰りは歩きだ。

一、二時間待たされるのは常で、その後、運がよければ面談がかなう。詞を書いた用紙を手渡すと、ディレクターはさっと目を通して突っ返す。石坂だけがそうだったのではない。無名の、作詞家志望の若者はそのように扱われる業界であった。

なんでもいいから平凡な歌を書いてこい――。よくいわれたものだ。業界を貫くルールはただひとつ、売れるか売れないか、である。平凡を意図し、はじめてレコード化されたのは『野良犬のブルース』。ついで『お待たせしました』。ギャグを込めて書いた歌詞ではなかったが、さしてヒットはしなかった。無名の、一風変わった作詞家の日々が続いていく。

石坂が藤圭子（本名・阿部純子）と出会うのは一九六七（昭和四十二）年のこと。知人に連れられ、自宅にやって来た。紹介したりされたり。それも業界の常だった。

ギター演奏で流行《はや》り歌を歌ったが、とくに強い印象は受けなかった。ただ、随分と苦労を重ねてきた歩みは耳に残るものがあった。ＬＰレコードから藤の来歴をピックアップするとこうである。

《昭和二十七年、北海道・旭川生まれ。少女時代から浪曲師だった父と母に連れられ全国を旅した。そうした苦難のせいで母は盲目となる。やがて少女は盲目の母の手をとって〝流し〟をするようになる。彼女の辿ったドラマチックな半生。そこから彼女は「歌の心」「演歌の心」をつかんだ。非凡な才能と個性豊かな歌唱力。やがて彼女は〝演歌の星〟〝宿命の少女〟と呼ばれるようになっていく……》

プロフィールもまた演歌調であるが、概略、この通りであったらしい。年齢は十七歳とあるが、これは一歳サバを読んでいる。生い立ちや境遇、自身と重なるものがある。石坂は肩入れしたいものを覚えた。

藤が流しをしている浅草や錦糸町の盛り場に同行してみた。昼間の藤はまるで目立たない地味な娘なのだが、夜の盛り場でマイクを握ると、しゃきっとする。しょんぼりとしぼんだ花が一気に開花するごとくであった。

後日、朝から晩まで、盛り場でキャンペーンを繰り返したが、藤は音《ね》を上げなかった。ガッツがあった。そういう意味で、藤は天性、プロの歌い手だった。

『新宿の女』など、石坂の作詞・作曲の歌が準備されていくが、レコード化は難航した。藤を連れ、まずは行き来のある東芝に話を持ちかけてみたが、華がない、暗いということで断られる。他のレコード会社も同じだったが、これまた慣れっこのことだった。

歌の心を心底知る歌唱力

石坂が藤の売り出しに奔走しはじめた頃、レコード会社の若いディレクターが助っ人として現れる。ＲＣＡレコードの榎本襄である。

榎本は根っからの音楽好きで、一橋大学社会学部の時代、一橋には楽団がなく、慶大のバンド部に潜り込んでギターを演奏していた。

就職先として、いったん商事会社に決まりかけていたが、レコード制作に携わりたく、「犬のマーク」で知られる日本ビクターに入る。七社体制と呼ばれていた頃で、日本コロンビア、日本ビクターが大手、キング、テイチク、ポリドール、東芝、クラウンがそれに次いだ。入社して数年は貿易部、営業部に所属し、ビクター事業部内にＲＣＡレコードが発足し、ようやくレコード制作に携われるようになる。

辞令をもらって間もない日、オフィスに、よれよれの背広にサンダル履きの若い男が入ってきた。飛び込みである。挨拶もそこそこ、歌を歌い出した。この業界、「変わった御仁」が多いのは承知していたが、度肝を抜かれた。

この歌は阿部純子（藤圭子）という新人が歌います、一度、遊びがてら来てください——という。石坂であった。

石坂の家を訪れると、ちゃぶ台を囲んで四人が麻雀をしている。そのうちの一人、髪の後ろをゴムバンドで巻いてたくし上げ、闘志満々、あぐらを組んで座っている痩せた娘が藤だった。

榎本が声をかけると「ああ、どうも」というだけで、愛想はない。整った顔立ちをしているが、雰囲気からして「そこらにころがってるイモネエちゃん」というのが初印象だった。

麻雀が一段落し、歌ってみてくれるかい、と榎本は促した。流しで慣れているからなのだろう、榎本のギター伴奏にすーっと入ってくる。『カスバの女』など数曲。『新宿の女』は原案段階で、伴奏は石坂の鼻歌だった。

軽いショックが衝撃に変わった。音量豊かでエンディングが伸びる。歌の心を心底知るがごとき歌唱力。歌い終わると、ぼさっと突っ立っている。まるでアンバランスなのだ。こりゃいける——榎本は一気に惚れ込んでしまった。

榎本も少々変わっていたというべきか。以降、石坂宅に入り浸りとなり、しばらくまったく会社に出社しなかった。

『新宿の女』は当初、日本コロンビア系のデノンでの制作がまとまりかけていたのが、榎本の熱意でひっくり返る。

石坂二十八歳、榎本二十九歳、藤十八歳。ともに無名の、歌謡界で何の実績もない三人が、時代を刻む歌をつくった。

大型新人を発掘した――榎本は上司に興奮気味に伝えた。日本ビクターおよびRCAレコードの重役を兼ね、業界で「カポネ」と呼ばれる永野幹男である。

「榎本君なぁ、新米ディレクターにはなんでもよく見えるもんなんだ」

業界を知り尽くす永野には、歌い手も曲も、到底売れるものとは映らなかったようだ。

榎本と石坂は一計を案じた。薄幸の美少女とい

『新宿の女』で衝撃のデビューをし、「怨歌」のイメージを広げた藤圭子

うだけではパンチがない。実際に歌を聴かせ、ルックスを見せてド肝を抜かないといけない。黒いベルベットに白いギターを持たせればビジュアル的に冴えると思った。白いギターなどなく、塗料を買ってきてコーティングした。日本ビクターのオフィスに、藤がその出で立ちで現れると、編成の空気はがらっと変わった。

表面《おもてめん》に『新宿の女』、裏面《うらめん》に『生命ぎりぎり』を収めたドーナツ盤が売り出されたのは一九六九（昭和四十四）年九月。プレスされたのは一万数千枚で、抑えた枚数だった。会社は最後まで売れる曲とは考えなかった。

当初、レコードの動きは鈍かったが、石坂の八面六臂《はちめんろっぴ》の活動がはじまる。ポスターができると、新宿界隈の壁に貼りまくり、なくなると、消えないペンキで「新宿の女―藤圭子」と書きなぐった。

藤を連れ、レコード店を訪れ、テレビ局、ラジオ局、有線放送、出版社、スポーツ新聞社……を回る。日が落ちると、スナックや飲み屋に飛び込み、流しとなる。話題づくりに「新宿二十五時間キャンペーン」なるものを実施する。やがて事態は動いていった。

一九六九年暮れから七〇年にかけて、『新宿の女』（一九六九年）、『女のブルース』（一九七〇年）、『圭子の夢は夜ひらく』（同）、『命預けます』（同）が大ヒットした。七〇年発売の三作の売り上げは百万枚を突破している。藤はＮＨＫ紅白歌合戦にも出場、マスコミに追われるスターとなっていく。

この時期、新宿界隈はしばしば、ヘルメット姿の学生たちで埋まったが、もとより歌の制作者たちは学生運動など無縁である。

榎本はまったくのノンポリで、デモ隊といえば、日本ビクター（RCAレコード）のオフィスがあった霞が関のビルの窓から眺め下ろす風景として残っている程度である。

石坂はこんな風にいった。

「全学連や全共闘の皆さんとは何のかかわりもありません。ただ、よくはわかりませんが、あの人たちも一生懸命生きていたのでしょう。違う世界ではあったけれども、僕も榎本さんも藤圭子も一生懸命生きていた。その部分で、何か触れ合うものがあったのでしょうよ」

制作者たちとはかかわりなきところで、聴き手は思い込みを含めて作品を受け取っていく。それはきっとあり得ることなのだろう。

藤圭子人気のピークは一九七〇年で、榎本によれば「瞬間風速」だった。やがて学生運動の退潮と軌を一にするように、この歌手にまとわりついてあった異様な迫力は薄れていく。歌手活動は続いていくが、〈藤圭子〉は急速にしぼみ、去っていった。ひとたび咲いたこぼれ花。だから故に、濃い残影を曳《ひ》いた。

時代に食い込む曲はどこへ

時代は変わる。レコードはCDに代わり、次々とミリオンセラー曲が生まれていくが、ヒット曲のサイクルは短く、現れては消えていく。時代に深く食い込んで残るような歌はそうそう生まれない。

石坂は藤圭子とセットで語られることが多いが、その後、新人歌手たちのデビューを手がけ、ヒット曲を書き、手練れの作詞家としての道を歩んでいく。

一九九〇年代半ば、第一章から第十二章まで、「心」を冠した長編歌『心歌《こころうた》』も話題を呼んだ。人生の応援歌といっていいのだろう、やさしいトーンの歌詞が連なる歌で、最終連の括りは「それでも　明日を　信じて／心　飾って　歩こう」となっている。

榎本はその後、RVC（RCAレコードと日本ビクターの合弁会社）の制作部長などをつとめた後、新しい会社を立ち上げ、数多くの歌謡曲やニューミュージックの制作に携わっていく。時代の流れとともに、歌づくりの手法も随分変化したという。

かつて一枚のレコードをつくるのは、ポップスであれ演歌であれ、「己の存在を賭けたもの」だった。なにもかもぶち込み、ボロギレのようになってようやく完成する。レコードをはじめてかけるときは正座したものだ。いまそんな思いを込めてつくった歌は概して受けない。歌は聴き入るものではなく、聴き流すものとなっていく。

確かに、聴き手にとってもレコードは大切なものだった。CDのレンタル店はあってもレコードはなかった。本の貸し借りはしても、レコードはしなかった。盤を傷つけるのも、つけられるのも怖かった。

手もとにある『新宿の女』のLP盤、ジャケットは古びているが、盤に傷はなく、斜めにするといまも鈍い光沢をたたえている。

一九七〇年以降、石坂のもとを離れた歌手・藤圭子の活動も続いていく。ニューヨーク在の時代もあった。やがて、一人娘、宇多田ヒカルは歌手となり、ミリオンセラーを連発する歌い手となる。

さらに時は過ぎた――。二〇一三年夏、藤圭子が新宿区内のマンションから飛び降りて自裁したという痛ましいニュースに接した。

石坂まさをとよく会っていた時期、糖尿病によって視力障害などがあると耳にしていたが、この年の春、石坂の訃報にも接した。糖尿病の悪化で、と伝えられている。

和歌山からスタートした取材行であったが、藤圭子との面談は実現しなかった。所属事務所の担当者と折衝を重ねたが、本人が昔のことは語りたがらないので、という理由で断られた。その過程で、求められ、十項目ほどの質問事項を書いて手渡してはみたものの、藤圭子その人に真に訊きたいと思うことが浮かばなかった。

〈幻の藤圭子〉には、いまも訊いてみたいことはある。たとえば、遠い日々、あなたの歌をわがことのように聴き入った同時代の若者の存在を感じられることはありましたか、というような――。

岡仁詩と大島眞也

理知と情念の境界で〝痩せ我慢〟ラグビー紳士と若者のそれから

ラグビー関係者の間で、その試合はいまも〝事件〟として語られることがある。一九八二（昭和五十七）年一月二日、国立競技場。大学選手権準決勝、同志社大学―明治大学の一戦である。

両チームの重量ＦＷが激突、一進一退で進行したゲームの後半十九分、同大陣ゴール前でラック状態となった。もみ合いの中、同大ウイングの大島眞也が退場を宣告された。レフェリー高森秀蔵の笛は、大島が明大選手の顔を踏みつけたというものだった。

このゲームを私はテレビ観戦していた。大島がラックの中に突っ込んでいくシーンは映し出されたが、明大選手を踏みつけたというような場面は見られない。ビデオを見返しても同じだ。試合後、顔を踏まれたという明大の選手が現れなかったこともあって、ミスジャッジではなかったかという声がその後もささやかれた。

レフェリーに退場を宣告され、ええ！　僕が？　と自身を指差している大島の画像が残っている。

事実はわからない。はっきりしていることはただひとつ。レフェリーがラフプレーだと判断すれば、ラフプレーがあったということである。それがラグビーの鉄則である。

大島の退場で十四人となった同大は一気に崩れていく。終盤、スクラムトライまで奪われ、敗れる。

大島眞也。四年生。京都・花園高からやって来た。ゲームでは、気性の勝った一本気な性格が出るウイングだった。もちろんラフプレーをする選手という意味ではない。二年生時、「気まぐれが出て」、退部して全国を旅して回った時期があったが、何度か電話をくれたのが部長の岡仁詩《ひとし》だった……。

退場を宣告された大島は、フィールドの外に出たものの、アタマは真っ白となり、何がなんだかわからない。いまも直後の記憶は曖昧である。スタンドに向かってとぼとぼと歩いて行ったが、風景や声は一切残っていない。目の前に白っぽい道がぼーっと浮かんでいる。〝道〟の向こうに、人が立っていた。スタンドから降りて来た岡だった。その目線がやさしかった――。

「控室に入っているように」と岡はいった。

試合終了となり、同大のキャプテン林敏之を先頭にフィフティーンが入ってきた。林の顔を見た瞬間、チームが敗れたことを大島は知った。号泣し、迎えのバスが到着してもなお動けない。岡に抱きかかえられるようにして控室を出た。

翌日の新聞には、試合後の談話として、部長・岡の談話が載っている。

「五万人を超える大観衆の中で決断のジャッジを下されたレフェリーに敬意を表します。ゲームをスポイルして誠に申し訳ない。ただ、退場を命じられた選手の将来のためにもプレー上の出来事を責めるつもりはありません」

1994年12月18日、同志社大ラグビー部長として、公式戦最後の試合を終えた日の岡仁詩

岡の談話は、いいたいことを毫《ごう》も口にしなかったという意味で〝痩《や》せ我慢の美学〟ともいわれた。

夜、東京の宿舎での〝残念会〟は荒れた。OBの一部が酔っ払い、部員たちを巻き込んで不満をぶちまける。そんな光景を見た岡は、珍しく激怒した。レフェリーの笛が信じられないならラグビーなどやめろ、今後一切、ジャッジについて口にすることを禁じる、と。

外に向かっても、内輪の席でも、岡はジャッジの可否にかかわることを一切口にしていない。けれども……。ハラの中で渦巻いていた思いは別のものだった。その夜であったか、京都に帰ってからであったか、岡はひそかに決意した。できることはひとつしかない——。そのことも口にすることがなかったから、だれも長く気づかなかった。

大学で出会った「師」の教え

岡は長く、同大ラグビーの監督・部長をつとめた。戦後、低迷していた名門チームを復活させ、二度にわたる黄金時代をつくりだした。幾度か日本代表チームの監督、日本ラグビー協会の強化委員長をつとめ、日本ラグビー界の顔の一人となった。

リベラリストで申し分ないラグビー紳士というのが岡の人物像である。長くお付き合いいただき、『ラグビー・ロマン』という評伝を書いたのであるが、こんな一行を記した。

理知と情念の境界線は、岡自身、整理できていない。その亀裂のなかで歩んできたのが岡のラグビー人生であり、それこそが彼を優れたラグビー指導者に押し上げたものだった——と。

理知と情念のはざま云々——という拙著での言い回しについて、「いやその通りなんですよ」という感想を複数回、耳にしたと記憶する。〝退場事件〟の後日談もそのひとつに括られようか。

岡仁詩は一九二九（昭和四）年、大阪市生まれ。生家は機械編みの婦人用セーターの製造を営んでいた。「仁詩」とは、趣ある名である。名がその人を表すことは少なかろうが、後々の岡を考えると、「仁」と「詩」の二文字は暗示的である。

戦時下、天王寺中学（現・府立天王寺高校）でラグビー部に入部、戦後、同大予科、大学時代を通してラグビー青年であったが、文学青年でもあった。愛読書は、織田作之助、坂口安吾、太宰治など。新劇や映画にも凝った。多感な若者だった。

大学時代、岡は「師」といっていい人物と巡り合う。星名《ほしな》秦《しん》という。

京大工学部の出身。昭和のはじめ、京大ラグビー部全盛期の選手で、「国際級のセンター」ともいわれた。卒業後、満鉄の技術者となり、戦前の新幹線・特急あじあ号の車軸設計にも携わっている。戦後、シベリアから帰朝し、同大工学部教授から学長をつとめた研究者であるが、人生の後半、情熱の大半をラグビー学の探求に傾注した。先進地・英国の文献を取り寄せて読み込み、日本ラグビー協会初代技術委員長もつとめている。

星名の指導は新鮮だった。ＦＷの押しが弱ければ「十人スクラム」を組ませる。別段、ルール上は問題ない。サインプレー、ショートラインアウト、カウンターアタック……いま高校ラグビーでも見られる多彩な戦術の多くを紹介した。

自由に発想して新しく試みる――星名も岡も相当の「新しもん好き」であり、〝実験的ラグビー〟が同大の部風ともなっていく。

星名は、ラグビーは紳士のスポーツである、ともよく口にした。果敢なプレーを尊びつつ、ラフプレーを忌み嫌った。岡は多くを星名から学んだ。


大学を卒業後、家業を継いでいた岡に、ラグビー部監督の口が持ち込まれる。一九五九（昭和三十四）年、二十九歳の青年監督が誕生する。当初は家業の片手間であったが、やがて保健体育科の教員となる。

一九六〇年代前半、第二回NHK杯（日本選手権の前身）および第一回日本選手権決勝で、同大は社会人の雄、近鉄を破る。強力FWにプラス、トライゲッターにウイングの坂田好弘《よしひろ》がいた。第一期の黄金時代である。

岡のラグビー人生には「痛恨の出来事」がある。一九七三（昭和四十八）年夏に起きた部員の死亡事故である。左京区岩倉のグラウンドで、練習中、しんどくなったといって姿を消した部員がいた。その後部員を見かけた者がおらず、帰宅したのだろうと思っていたところ、翌日、体育館の裏手で倒れているのが発見される。

岡は部長および監督を辞任、日本代表チームの欧州遠征の監督も辞退した。憔悴《しょうすい》し、もうラグビーなどやめたいと口にしている。

事故から三年後、岡は監督に復帰するが、二度と事故を繰り返さないとし、平日の合同練習は週三日、時間は短縮して一時間半、他日は体力測定と個人練習とした。

入部してくる部員の動機はさまざまだ。日本代表を目指すという者から趣味でという者もいる。何が上で何が下ということはない。平均的な体力はないし〝平均的動機〟というものもない。部のあり方を部員個人の裁量にゆだねたのである。

個人を尊ぶ——は同大の校風であり、もともと岡の指向にあったものだが、それが〝岡イズム〟としてより強く打ち出されていく。

後年、岡は「監督」という言葉も嫌った。いったい、だれの、何を〝監督〟するというのか。現場のコーチングの長はヘッドコーチでよい。大学運動部の管理責任者は部長、という理解である。

林敏之（ロック）、大八木淳史（同）らの有力選手が揃い、一九八〇年度、決勝で明大を破って初の大学選手権を制する。連覇を目指した翌年に起きたのが退場事件だった。

「学生にアタマを下げるだけです」

翌一九八二（昭和五十七）年度、岡は「一年限り」ということで監督兼部長を引き受けた。

大学の学生部長など、教員としての業務も多忙であったが、期するものがあって、岩倉のグラウンドには連日、顔を見せた。

秋口、凶事が発生する。バックスのエースとして期待していた二年生の平尾誠二が、日本代表の合宿で右膝のお皿を割ってしまう。

走ってよし、パスしてよし、蹴ってよしのプレーヤーだった。この後、平尾は〝ミスターラグビー〟と呼ばれる道を歩んでいくが、もっとも影響を受けたラグビー人に岡の名をあげる。岡のラグビー知識はびっくりするほど豊富だったが、こうしろといわれたことは一度もない。その逆、「お前はどう思う?」と問いかけてくるのが岡だった。

一度、岡から〝叱責〟を受けたことがある。

「お前さんのプレー、いまいちオモロナイな」

と。着実にミスのないプレーを重ねる。ベターではあるが、それだけでいいのか。もっと自由に奔放にプレーせよ――。新たなテーマをもらったと平尾は受け取った。

岡から「人間のすることやからなぁ」「しゃあない」という〝連結語〟もよく耳にした。後年、指導者になって自身がよく口にする連結語ともなった。

雪辱を期したこの年、平尾に続き一年生のスタンドオフ、松尾勝博が右足首を骨折する。バックスは飛車角落ちとなったが、岡は不思議と落胆しなかった。四年生を中心に、全員でカバーせんとするチームとしての高まりが感じられたからである。

大学選手権決勝戦の相手はまたも明大だった。試合当日、宿舎の法華クラブの広間で最後のミーティングを行い、バスで国立競技場に向かう。出発前、例年通り、マネージャーが激励電報を読み上げた。京都市長、大学学長、同大ラグビークラブ会長……などであったが、最後のものは、一年前、部を去っていった卒業生からのもので、電文は短いものだった。

《ニホンイチイノル　シンヤ》

かすかにざわめいていた広間は静まり返り、しばし声がなかった。

試合は一八―六で同大の圧勝だった。一人ひとりがコンタクトプレーで上回り、火の出るようなタックルが試合の帰趨を決めた。

試合後のグラウンドで、NHKのアナウンサー、土門正夫が岡に監督インタビューを行った。土門はベテランのスポーツアナウンサーであり、一年前の出来事はもとより、岡が何者であるかを知っていた。それにしても、質問の第一声は、友人に語りかけるがごとき、異例のものだった。

「岡さん、この一年、長かったですね」

その問いを耳にして、岡はもうこらえることができなかった。

「……とにかく……とにかく学生にアタマを下げるだけです」

紺のブレザーに水滴がしたたり落ちた。

同大が大学選手権三連覇を果たすのはこの年からである。

長い年月を経て着地させたもの

大学卒業後、大島眞也はラグビー界の名門、近鉄に入っている。在籍は一年。肩の故障もあって退部・退社したのだが、それだけが理由ではない。部内で、「あの笛」のことを訊かれたことは一度もない。訊かれないことに、逆にそのことが忘れられていないことを知った。もうラグビーなど関係ない世界で生きたい……。

その後、大島は同大の聴講生として再入学、教員免許を取得して大阪の私立高校の教員になった。ラグビー部の顧問となって生徒たちにラグビーを教えた。結局、ラグビーを捨てることはできなかったのである。

――あの出来事があなたにもたらしたものはなんでしょう。

「僕はずっとヤンチャ坊主だった。ラグビーなどちょろいと思っていたし、高校でも大学でも好き放題にやっていた。でも、卑怯なこととか、ずるいことだけはしなかった。学生時代の最後になってすごい試練に出くわしたわけですが、あれがなければ、そうね、きっと生意気なまま卒業していったでしょう。ああいうことがあったが故に、人の痛みを知るとか、思いやる気持を知るとか、いろんなものをもたらしてくれた。そんな一面もあったかなと、いまは思えるようになりましたね」

それは、長い年月を経て、ようやく着地させた答えであるように思えた。法華クラブに電報を打ったことについては、「ふと思い立って」とのことである。

卒業後、大島はずっと気にしてきたことがある。岡と一度もきちんと話をしてこなかったことだ。試合場などで顔を合わせたことは幾度もあったが、なんとなく、岡の目を見て話せない。OBから、岡の自宅に出向いて夕食をともにしたなどと耳にする。自分だって行きたい。だけど……。

京都成章高校で指導する大島眞也

そんな歳月の中、一度だけ、岡とゆっくり〝対話〟した日がある。

退場事件から数えれば八年後の秋、関西大学リーグ、同大―京都産大の一戦があり、岡は京都・宝ヶ池球技場のスタンドに座っていた。体調が悪く、胸の不快感が消えない。やがてわしづかみされるような痛みに襲われ、倒れた。救急車が呼ばれ、京都第二日赤病院へと運ばれた。六十歳の日である。

深夜、大島の自宅にOB仲間から電話が入った。心筋梗塞《こうそく》で命の危険がある……。いてもたってもおれなくなった大島は、車に乗って病院に向かった。こんな時間帯、面会できるとは思えない。それでもいい。ただ会いたいと思って駆けつけたのである。

面会謝絶であったが、付き添っていた夫人の久美に会い、小康状態が続いていると耳にした。病室の前、薄暗い廊下の椅子に腰を下ろした。見上げると廊下の丸い柱時計が十二時ちょうどを指していた。人影はなく、物音ひとつ聞こえない。じっと座っていた。長針が一回りし、さらに半分回ったところで、ようやく腰を上げた。久々、岡とたっぷり語り合ったように思いつつ、大島は病室を後にした。

〝岡学校〟出身の指導者たち

岡は病から回復し、五年後、大学の定年を迎えた。退任の年、ニュージーランドで行われた春合宿に私は同行したりもした。名誉教授となり、総監督、技術顧問と肩書きは変わったが、その後も同大ラグビーの象徴的存在であり続けた。

岡が残したものとして浮かぶのは、数多くのラグビー指導者たちである。歴代の日本代表監督だけあげても、宮地克実《かつみ》（三洋電機）、小藪《こやぶ》修（新日鉄釜石）、平尾誠二（神戸製鋼）、萩本

光威《みつたけ》（同）など。社会人や大学チームの指導者になった者は数十人にのぼるだろう。〝岡学校〟とも呼ばれる

ただ、岡自身は「教え子」という言い方を好まぬ人であった。

「彼らは同志社の卒業生ですが、別段、共通するものはないんじゃないでしょうか。ましてや〝岡イズム〟などというのはとんでもない。彼らに失礼です。卒業生たちは、所属した場所で、それぞれに体験したものを積み重ねて彼ら自身のラグビーを開花させていった。私の影響などかかわりなく、そうであることがうれしいですね。あえて共通項を取り出すとすれば、大学を卒業するときにラグビーにくたびれていなかったことはあるかもしれませんが……」

岡らしい言い回しであるが、接した人それぞれが何事かを勝手に受け取って自然と育っていく。それが人育てのエートスであるのかもしれない。

拙著を出して一年後の二〇〇七年、岡は同じ病で倒れ、病院に運ばれたが、このさいは生還かなわなかった。享年七十七。

若い〈教え子〉の訃報もあった。

岡のいう「打てば響くコンピューター」平尾誠二は、大学卒業後、神戸製鋼および日本代表チームのスタンドオフ（センター）として、チームの中心選手となった。一九八九年五月、日本代表がＩＲＢ（国際ラグビー機構）加盟国スコットランドをはじめて破った歴史的試合のキ

ャプテンもつとめた。

現役引退後、日本代表監督、神鋼のＧＭ、ラグビーＷ杯日本大会組織委員会理事などをつとめてきた。さらに大きな仕事が期待されていた最中の二〇一六年、病で亡くなった。五十三歳というはやい訣れだった。

大島眞也は、ラグビーとのかかわりを続けている。

いまデザイン業を営みつつ、京都成章高校ラグビー部のアドバイザーをつとめている。二〇二一年一月、東大阪の花園ラグビー場で行われてきた全国高校ラグビー選手権は第百回大会を迎えたが、成章高は初の決勝に進出、神奈川・桐蔭学園に敗れたものの、準優勝を果たした。アドバイザーが果たした役割もあったのだろう。

大島は親しいスポーツ新聞の記者に、コーチングの要諦はすべて岡仁詩から学んだと語っている。高校生が納得できるよう、なぜこのプレーかを論理立ててわかりやすく伝える。理《ことわり》をもって説くこと。いわゆる精神論をぶったり、闇雲に叱ったりすることは決してない。それに、勝つことも大切ではあるが、それ以上にラグビーを好きになって卒業していってほしい……。

ここにも、一人の〈教え子〉がいる。

石井一男と島田誠

沈黙の歳月の後、出発した画家
慧眼の画廊主が〝開花〟させる

元町《もとまち》通りにあった神戸・海文堂《かいぶんどう》は、本好きにはよく知られた老舗の書店だった。海運関連が揃っているのは当然として、児童書の専門コーナーがあり、詩集の棚があり、硬派の地味系の書籍も揃っている。神戸関連は各種のミニコミ誌まで並んでいる。四代目社長・島田誠の志向によるものであったろう。

島田は生粋の神戸っ子である。須磨区に生まれ、神戸高・神戸大学経営学部を卒業、三菱重工高砂製作所の勤め人をしていた日、急遽、社を退職して畑違いの仕事に就くのは、ガンで亡くなった義父に跡継ぎを頼まれたことによる。

店がもし、洋品店やレストランだったら断ったでしょう——という。島田は趣味多く、もともと本好き、美術好き、音楽好きであったことが気持を動かした。

音楽は本格派で、高校・大学・重工と、合唱部・グリークラブの指揮者をつとめ、コンクールで優勝し、海外遠征に出かけたりもしている。

海文堂の責任者となって数年、書店の増改築に併せて、店内に「海文堂ギャラリー」を併設した。半ば道楽である。当ギャラリー、また近くの小ホールを使っての講演会、ミニコンサートなどもしばしば催し、神戸における市民文化活動の拠点ともなっていく。

元町商店街にかかわる活動でいえば、阪神・元町駅西口に計画された場外馬券場の設置反対運動の世話役もつとめた。運動は実らなかったが、その顚末を記した、エッセイ集『無愛想な蝙蝠《こうもり》』（風来舎、一九九三年）ではこんな一文も見える。

《ゴルフはしない。マージャン、パチンコしない。車は運転できない。ダンスもできない。お客様の接待はいっさいしない。碁も将棋も賭事もいっさいしない。いったい何を趣味に生きとるのかねと人からいぶかられる。商売人仲間からは「この男、変わり者につき……」とレッテルを貼られ、商売下手をひやかすように「文化人」と言われ、かたや文化人の先生方からは「なんで商売人が」と言われ、動物の仲間にも鳥の仲間にもいれてもらえない蝙蝠みたいなものだ》

ギャラリー開設以降、島田は「画商」にもなったが、世でイメージされる画商とは相当に隔たっていたのは当然であろう。

島田は毎月、ギャラリーの活動などを伝える小冊子「インフォメーション」を刊行してきた。海文堂にはさまざまな人が出入りする。時折、石井一男という中年の男がやって来て、インフォメーションを持ち帰っていたこと。一九九二年五月号は、ところどころ赤鉛筆で線を引いて幾度も読み返していたことを、もとより知ることはなかった。

石井が赤線を引いて読み返していた箇所は、たとえばこんなところである。

《……眠れぬ夜、お気にいりの絵を見て、ふと手を合わせたくなるぼくと、資質的に似たものを感じます》

《……そのくせ人の嫌がる事務局長とか、ゴタゴタの収拾係とか、頼まれごとには汗を流してしまいます》

《……私の仕事は書店と画廊の経営です。どちらも文化にかかわる仕事で心から誇りに思っています。大袈裟に言えば作家の生き死に拘わること、言い換えれば精魂を込めた作品の生死に拘わることを毎日やっているわけで、お医者さまみたいなものです》

このようなことを書く人ならひょっとして自分の絵を観てくれるかもしれない……。

男は生来、内気でシャイだった。見知らぬ人に電話で頼み事をすることなど大の苦手であったが、逡巡の末、受話器を取り上げた。それが、発端となった。

空白と沈黙の歳月

ここに至るまでの石井の歩みも〝普通〟ではない。ただ、石井その人を知るいまからいえば、それもまた〈自然〉であったように思えるのである。

石井は島田の一歳下、一九四三（昭和十八）年、神戸生まれ。父はフィリピンで戦死している。戦後、母は飲食店の手伝いなどで生計を維持し、兵庫区東山町にある棟割り住宅で、母と祖母との三人暮らしが続いていた。

ごく温厚でもの静かな人――というのが石井の人物像であるが、それは生来のものであるようだ。

小・中・高と、だいたいいつも一人で過ごし、それがまた苦ではない。県立夢野台高校時代、美術は好きで、終業ベルが鳴ってもデッサン画を描いたりしていた。関西大学（二部）では美術部に入っている。卒業後はアルバイトで暮らしていく。人と接することが少なく、しゃべらなくていい、というのが仕事選びの基準だった。

二十代後半、絵を描いた時期がある。石仏、祭り、稲刈りなどを素材にしたもので、県の公募展で入選した日もある。以降、絵筆を執る日もあったが、長続きしない。

「絵のことは常にどこかで頭の隅にありました。でも、長続きしない。どうしてだったか、う

稀有な作品を生み出し続ける画家、石井一男（左）と、画廊主の島田誠

ーん……」

うーんのまま、言葉がとぎれることもある。

ひととき高まった内圧はやがて引いていく。絵に向かう気持が、持続的な意志へと固まるには長い歳月を要した。

四十代半ば、地下鉄の駅々に夕刊紙を配る仕事を続けていた。後年、この頃の出来事を、こんな風に記したエッセイが見られる。

《体調が悪く、うつうつとした日々が続いていた／地下鉄の電車の中／乳母車から赤ん坊を抱き上げたお母さん／無垢な赤ちゃんの笑顔／慈愛に満ちた母親の姿／涙ぐんでいる自分がいた……ふだん、普通に見なれた風景が、そしてゴミのようなものまでが、美しく光り輝いて見えた》

このこともひとつのきっかけとなった。

長い空白を経て、深海でじっと真珠を抱き続けてきたアコヤ貝がゆっくりと海面に浮上してきたというべきか、男はようやく絵筆へと向かったのである。

人は自身と出会うに半生を費やす、その後に仕事がはじまる――という詩人の言を記憶する。それを敷衍《ふえん》していえば、空白と沈黙の歳月も、石井一男という画家にとってはきっと必要な年月であったように思えるのである。

評判を呼んだ個展は連日盛況

受話器の向こうで、遠慮がちな声が続いた。絵を観てほしい――ギャラリーを開いていると、そんな依頼は珍しくない。無名の画家に場所を提供するのは島田の好むところであったが、だれに習ったこともなく、発表したこともないという。素人の手遊《てすさ》び絵では仕方ないではないか……。

ま、一度、絵を持ってきてください――。そういって電話を切った。

翌日、石井が新聞の束を運ぶキャリーに絵を載せ、ギャラリーに現れた。その際の驚きを、『無愛想な蝙蝠』から抜き出すと、以下である。

「二枚、三枚と繰っていくうちに、今度はこちらが息を呑む番だった」「どれも三号くらいの婦人の顔を描いた小品だけど、孤独な魂が白い紙に丹念に塗り込められていった息遣いまで聞こえてきそうだ」「どの作品も、巧拙を超越したところでの純なもの、聖なるものに到着している」「発表するあてのない作品は『無名のままであり続けて風化して土に戻ればいい』という言葉のそのままに、一点としてサインもなく、まことに潔い。それにしても信じ難い思いに取りつかれた」……。

目の肥えた、少々の上手な絵では驚くことのない画廊主に興奮を呼び起こした様が伝わってくる。島田は、女性たちの貌《かお》を描いた作品群に「女神《めがみ》」という名を付与した。

初個展は、一九九二年十月、海文堂ギャラリーで開かれた。そのパンフレットに、島田はこう記している。

《石井一男　初個展――女神たち――　現世から隔絶された稀有の孤独の中から生まれたモノローグ。石井一男、四十九歳。完璧なまでの無名性のうちに埋蔵された才能が宝庫のような鉱脈となって、今、開花。生きる証しとしての存在証明が「石井一男の女神たち」なのです》

無名画家の発掘――という話題性もあってであろう、個展は評判を呼び、連日盛況で、二度、三度と足を運ぶ人がいた。絵はほとんど完売した。

個展が終わった日、収支決算の明細を示しつつ、島田は石井に売り上げ代金（およそ百万円）を手渡そうとすると、こんな返事が返ってきた。

「おカネは結構です。亀井純子文化基金というものがありましたよね。寄付をさせてもらえませんか」

個展に人々が来て、絵を観てくれるだけでありがたい。これ以上、望むことはなく、欲しいものもない。自分には不要のものだ——。

基金は、オランダ総領事館の文化担当官だった亀井の遺志によって設立された基金（現・公益財団法人　神戸文化支援基金）で、石井は「インフォメーション」でそのことを知ったようだった。

石井の申し出に、基金の世話役をつとめる島田は驚きつつ、こういって断った。

「石井さん、誠にありがたいお話ですが、この基金はあなたのような人の援助のために存在しているものでして……」

なお、この後の個展でも、石井からの申し出が幾度かあり、基金（理事会）は申し出額の半額等を寄付金として受領している。

絵の購入者を訪ねる

以降、歳月が過ぎた。初個展から三年後、阪神・淡路大震災が発生、海文堂も石井の住まいも被災したが、なんとか切り抜けていった。その後、島田は海文堂を後継者にゆだね、ギャラリーを中央区山本通（ハンター坂）に独立移転させ、その運営に専心していく。毎年、深秋期にギャラリー島田で、また他の月に「枝香庵《えこうあん》」（東京・銀座）などで石井の個展が開かれてきた。これも稀有のことであろう、石井の絵は例年ほとんど完売してしまう。石井の絵はなぜに人々を吸引するのか。そんな思いを抱いて、石井の絵の購入者を訪ねた日々がある。以下の二人もそうである。

石井一男の作品

神戸在住の喜福武《きふくたけし》は日経の記者で、整理部畑を歩いた。音楽、美術、寺院、古典芸能の造詣深い人物で、石井作品を自宅階段の踊り場に掛けていた。夜中、ふっと立ち止まって視線をやっている折々があったことを夫人の加代は覚えている。

喜福の美的志向は、権威には無縁で、カラヤンだからベルリン・フィルだからありがたがるのではない。マイナーな無名のライブ芸にも足を運び、本当に自分が気に入ったものを愛した。

定年後、喜福は京都の寺院を散策し、帰り道にコンサートへというコースを好んでいたのだが、やがて、病を得、さらに病篤くなった。自宅療養が無理となった段階で、六甲にあるターミナルケア病棟に入院する。このさい女神像を持参し、ベッドから見やすい対面の壁に絵を掛け、最期の日々を過ごした。夫はユーモアを好んだ。加代が口述筆記した一文はこうである。

《哀しき玩愚　時世の句／闘病ということ嫌い風薫／鬼吹猛》

時世の句においてもなおひと味、ユーモアを効かさずにはおれない夫であった。

夫の没後、夫人も石井ファンとなり、夫妻それぞれが求めた女神像がいま、自宅の居間に並んで置かれている。

一度、石井と島田が自宅を訪ねてきてくれた日がある。存外、石井との会話は弾んだ。加代に残ったのは、人というより森の中の木の精とお話ししたような——感触だった。

野上秀夫は神戸市の職員で、福祉畑を歩いてきた。いかにも生真面目な公務員という風情の人である。それまでほとんど病気らしい病気もしなかったのだが、四十代後半、急性骨髄性白血病と判明、唯一の根治療法、骨髄移植を受けることとなった。

別段、美術愛好家でもなかったが、その日、毎日新聞のコラム「余録」に、大阪市内の画廊で石井一男展のことが記されていて、ふと「覗いてみるか」と思って出かけた。

一点、二点、三点……野上の目は潤み、しずくが垂れ落ちてくる。

「とくに何か救いを求めてきたわけじゃないんですが、絵というものにかくも心を揺さぶられるとは思いもしなかった。入院すればもう戻ってこれないという気持があったからかもしれません。いまもうまく説明できません」

移植自体は「他者」の骨髄液を注入することで済むが、自家白血球を叩く「前処置」、さらに新しい造血幹細胞の生着を確認するまでの「後期間」が苦しい。無菌室に隔離され、家族も入室できない。

無菌室の病室の桟《さん》に、赤褐色の、ふっくらとした女神像が置かれた写真が残っている。ギャラリー島田で求めたもので、家族の代わりに女神像にお守りになってもらおうとしたのである。

幸い移植治療は成功し、野上は職場復帰も果たした。振り返って、こう話した。

「なぜ絵を持ち込んだのか……。きれいとか美しいということではなかったし、癒しでもなかった。近い言葉でいえば、孤独、救い、祈り、やさしさ……でしょうか。柔らかく、それでいて何か深いもの……」

生還せず、あるいは生還を果たしての相違はあるが、人生の瀬戸際に立った二人が、ともに〝最期の一枚〟として身近に女神像を置いた。

観る者の内面と触れ合う絵

私は神戸の大学の教員をつとめた時期がある。島田と知り合ったのはこの時で、文化講座のゲストに来てもらい、その席で石井のことも耳にした。いまどきそんな画家がいるのか……。

地下鉄・湊川《みなとがわ》公園で降り、長々と続く東山商店街を歩き、横道を入ったところに石井の棲む棟割り住宅がある。

これという用件がない日もあったが、石井宅を訪れるのが私は好きだった。大学という場を離れ、なにやら〝癒しの場〟へ向かっている感もあった。

表札の下、小さなドアを開け、階段上に向かって「石井さーん!」と声をかけると、「はーい」という返事がある。見上げると、微笑を浮かべた顔で迎えられるのである。

二階の住居は横長の畳部屋が続いていて、狭い部屋が二つ、奥の六畳がアトリエだ。机に新聞紙を敷き、絵の道具類が載っている。絵具はグワッシュ(不透明水彩絵具)。作業が一段落すると、話を訊くのであるが、取材ノートはあまり埋まらない。

——ご自身、アートをしてきたという意識はありますか?

「うーん……まあどうなんですかね……そういう大それたことなんだとは……ただ描いてきただけといいますか……ふっと内側から呼んでくれるものがあって、そのままに腕を動かしてきたといいますか……この場合でいえば、白っぽい顔のようなものが浮かんできて……それをなぞっているうちにだんだんと人の表情になっていく……そうしようと思って描いているわけでもないんですが……どうなんでしょうか……うーん……」

やがて私は気づいた。この人は自身の内面とずれる言葉は吐かない、嘘のない人なのだ、と。内側から呼んでくれるもの。表現行為のすべてにわたって普遍的な核《コア》をつくるものであろう。説明不能なあるなにものか――。

絵の購入者のことを伝えることもあった。石井は言葉少なに、「ありがたいことです」と口にした。もとより、病床にある人を念頭に絵を描いてきたわけではない。「呼んでくれるもの」に導かれて筆を走らせたものが、結果的に購入者たちの内面と触れ合ったのである。

やがて、石井一男を主人公に、『奇蹟の画家』というノンフィクションを書いた。

〝大家〟となって以降も、石井の質素な暮らしは変わらない。部屋に、NHKラジオの絞った音量が流れている。古典落語や教会音楽のテープが聞かれることもあった。一日、言葉を発することのない日が多い。生理として、〈音〉を求めているのかもしれないとも思う。

食事は、商店街に並んでいるパックのご飯と味噌汁と惣菜類など。風呂は近所の銭湯。

一度、こんな質問をした。いま風のマンションなどに移りたいと思うことはありませんか、と。このさいは「うーん」はなく、「これから足腰が弱って階段の上り下りが辛くなってきたら、同じような一階の住まいがあればとは思いますが」と答えた。

近年の女神像は、初期の作品と比較していえば、作品としての深みを増しているようである。そのつど、石井の内面を映し出しつつ、絵は少しずつ変容しているのだろう。

〝埋蔵画家〟を発掘し、世に送り出した島田は、こんな風にいった。

「うんと先のことはわかりませんが、おそらく、美術史に残るとか、高額の美術品になるとか、そんなことにはならないし、石井さんも望んでおられないでしょう。それよりも、絵が一人ひとりの鑑賞者に手渡されて静かに染み入っていく。それが受け継がれていく。そのような絵であってほしいと願うだけですね」

きっとそうなのだろう。絵描きが手ごたえ感を得るのは、一人ひとりの鑑賞者に自身の絵を深く感受してもらうことである。鑑賞者の数が多いに越したことはないが、それは本質的なことではない。

その意味で、石井はすでに多くを得ている人なのであって、〝清貧の画家〟であるのは、生来の無欲であることとともに、すでに多くを得ている画家であるからなのだろうと思う。

私は四号サイズの、黒一色の女神像をもっている。取材者の余得というべきか、制作途上で見たさい、気品があってとてもいい作品に思えた。予約させてもらい、後日、ギャラリー島田から送ってもらった。

絵はいま、拙宅の居間に掛けてある。黒い女神像は、ときに〈平安〉であったり、〈祈り〉

であったり、少々口にするのは気恥ずかしい一文字であったりしつつ、何事かを私に語りかけてくるのである。

古賀稔彦と岡野功

三四郎三代の背に映る時代
美意識として宿る柔道思想

二〇二一年三月、「平成の三四郎」と呼ばれた柔道家の古賀稔彦《としひこ》が病で亡くなった。五十三歳。はやい訣れに暗然とするが、〝三四郎三代〟というテーマで各地を歩いた日々がある。三四郎たちの思い出を記しておきたい。

三四郎とはむろん、『姿三四郎』からの連想である。戦時中、富田常雄が書いた大衆娯楽小説で、黒澤明の映画デビュー作ともなった。戦後、幾度がリメイクされている。劇画的にいえば、悪漢の大男を鮮やかに投げ飛ばす凜々《りり》しい柔道青年――というイメージであるが、それは確かに、柔道というスポーツのコアにある理想像を示している。

現役引退後、古賀は川崎にある自宅で子供たちのための柔道塾を主宰してきた。さらに、岡山にある環太平洋大学体育学部の教授兼柔道部総監督に就任することが決まっていた時期、会う機会を得た。色白の、澄んだ目をした人である。異名は、豪快な背負い投げと相まって、ハンサムな風貌にも由来していたのだろう。

佐賀の出身。三四郎――と呼ばれたのは高校時代からという。中学から大学まで、団体戦では常に「先鋒《せんぽう》」だった。先鋒が一本勝ちすればチームが勢いづく。力をセーブせずに一気に攻め切って一本勝ちを目指す。それがいつしか、自身のスタイルになっていったという。

一九八八年のソウル五輪は日体大三年生で元気盛り。七十一キロ級の最有力選手であったが、旧ソ連のサンボ仕込みの変則選手に立ち技を封じられ、三回戦で判定負けしてしまう。「本当の実力がなかった」と振り返る。

四年後のバルセロナ五輪は満を持したオリンピックだった。ソウル翌年、またバルセロナ前年の世界選手権では完勝している。ところが、現地に入ってからの同僚との練習で左膝靭帯《じんたい》を傷めてしまう。かなりの重傷で、仕合当日まで患部を冷やし、じっと横になっているときが多かったが、焦りはなく、「これで勝てる」と思ったという。

「不思議とそう思えたのですね。もう雑念が入り込む余地がない。負ければ仕方ない。やるべきことは全部やったんだと、試合前はきれいに吹っ切れていましたね」

膝関節に数本、痛み止めの注射を打って試合場に向かう。準決勝の対戦相手は、ヨーロッパチャンピオンのドイツのシュテファン・ドット。古賀らしい、鮮やかな一本背負いの大技を決めた。

古賀によれば、投げが決まるとは「一瞬の空間」をつくることだ。互いにさまざまな下工作

1992年バルセロナ五輪柔道の男子71キロ級で優勝した古賀稔彦

をし、動きのなかで自身の空間へ相手を呼び込まんとする。ふっと舞い降りてくるように訪れる一瞬の空間。その瞬間にかけた技からは逃れられない。この試合がそうだった。

決勝はハンガリーのハイトシュ・ベルタラン。国際大会ではいつも上位に残る実力者だ。試合は好試合だった。古賀はもう左膝の感覚がなく、踏ん張りが利かない。判定に持ち込まれた。

三人の審判がともに赤旗を上げた。勝者・古賀。その瞬間、古賀は両拳を握りしめ、歓喜の雄たけびを上げた。この画像を記憶する人も多かろうが、古賀はそんな仕草をしたことをまったく覚えていない。それほど試合に集中していた。

ビデオを見返しても、試合にさほどの優劣は見られず、勝敗は審判団の主観にゆだねられた感があった。試合の講評には、審判団の脳裏に、準決勝で古賀が演じたあまりにも美しい背負い投げの残像が残っていたのかもしれない、というものがあった。

さらに四年後のアトランタ五輪。古賀は七十八キロ級で銀メダルを獲得している。

一本勝ちすることが柔道

一九六四（昭和三十九）年、東京五輪。経済成長の幕開けを告げる、国をあげてのオリンピックだったが、日本柔道界にとっては暗い大会となった。

古来の伝統的文化に支えられた国民的な武道、特別なスポーツ、外国人に負けるはずはない――というのがこの頃までの一般的な認識だった。

柔道が世界に広がるのは戦後であるが、総本山はもちろん日本。第一回世界柔道選手権大会の開催地は東京、第二回大会も東京。優勝者はともに日本人選手。第三回大会はパリ（一九六一年）で、優勝者はオランダの巨漢、アントン・ヘーシンク。柔道界に衝撃が走った。

「日本ついに王座をあけ渡す――〝怪力〟に防戦一方」「さらってゆかれた〝国技〟の選手権――大きなショック」――毎日、朝日の一九六一年十二月三日付夕刊の見出しである。

長く、柔道に体重制がなかったのは、小よく大を制す、柔よく剛を制すという柔道思想を体現するものだった。五輪種目となった東京で、軽量、中量、重量、無差別級の四階級が敷かれる。他競技の制度との妥協だった。

中量級（八十キロ以下）の代表は中央大三年生の岡野功。決勝ではウォルフガング・ホフマン（統一ドイツ）をあっさり横四方固めで破って金メダルを獲得するが、中量級など勝ってあたりまえと思われていた時代、ほめられた記憶はまるで残っていない。

焦点は無差別級。神永昭夫がヘーシンクに袈裟固めで押さえ込まれ、カウントアウトされた瞬間、試合場を取り巻いていた関係者が一様に下を向き、うなだれたことを岡野は記憶する。日本柔道の敗北の再確認であり、その事実に打ちのめされたのである。

神永は温厚な人柄でも知られた。のち明大柔道部監督、バルセロナ五輪日本代表チームの総監督などを歴任、多くの柔道マンを育てた。病のため五十六歳で亡くなっている。東京五輪の思い出については多くを語らず、「ヘーシンクは強かった」という言葉を残している。


岡野は「昭和の三四郎」と呼ばれた。

茨城・龍ケ崎の出身。少年期は昭和二十年代。足腰が強く、子供の相撲大会で何度か優勝する。校庭で、隣町との対抗柔道大会があり、小柄な青年が相手をぶん投げて勝ち上がっていく。柔道に魅せられるきっかけだった。

中学から柔道をはじめ、竜ケ崎一高から中大に進むが、高校のインターハイを伝える地元新聞には「三四郎」という言葉が見られるようになっていく。

岡野の柔道観としてあったのは、自分より大きい選手と対戦するのはあたりまえ、ちまちまポイントを稼ぐのではなく、一本勝ちすることが柔道だと思っていた。観客もまたそれを期待していた。

大学一年時の全日本学生選手権、岡野はのちプロレスラーになる明大三年生の坂口征二と対戦した。会場は大阪府立体育館。岡野は身長百七十センチ、体重七十数キロ。一方の坂口、当時はまだ細身であったが、百九十四センチ、体重百数キロの超大型選手である。

岡野の得意技は右からの背負い投げ、左一本背負い、小内刈りの三つ。さらに、合わせ技や返し技にも秀でていた。

対坂口戦。岡野は尻もちをついて「効果」を取られて判定負けするが、途中、背負い投げを決めている。坂口の足が場外に出ていたということで一本とはならなかったが、小兵が大男を投げ飛ばしたということで場内は大いに沸いた。

岡野にとって、もっとも快調に勝ち進んだ大会ということでは、東京五輪の翌年、ブラジル・リオデジャネイロで行われた世界選手権（中量級）が思い出深い。

一回戦から決勝までの六試合。合わせ技、右背負い投げ、左一本背負い、右背負い投げ……と、勝ちはすべて一本勝ち。試合の写真とビデオが残っているが、相手は大円を描き、宙を舞って畳に落ちていく。思わず、美しいと思ってしまう。「三四郎」という異名も決してオーバーではない。

岡野功の最大の勲章は、二度にわたる全日本柔道選手権の優勝であろう。当時、選手たちの実感でいえば、全日本のレベルはオリンピックや世界選手権よりも高かった。加えて、無差別であるから勝者はただ一人、文字通り、グランドチャンピオンである。毎年、試合場の日本武道館は満員となった。

当時、岡野は中大を卒業、天理大に在籍していた。一度目は一九六七（昭和四十二）年。決勝で対戦したのは佐藤宣践《のぶゆき》（東京教育大－東海大）。左一本背負い、続いて小内刈りで佐藤を横転させ、優勢勝ちした。

翌年は準優勝にとどまるが、翌々年の一九六九（昭和四十四）年、決勝の相手は警視庁の巨漢、前田行雄。映像では、北の湖と舞の海が組み合っている感があるが、先に先にと攻め込んでいるのが舞の海だ。攻め続け、最後、小内刈りを決めた。

二度目の栄冠を得た日の翌日、岡野は引退を表明した。二十五歳であったが、膝の故障は慢性化し、体力・気力とも限界と思えた。昭和の三四郎は引き際もきれいだった。

講道学舎から続く系譜

現役を退いて後、岡野は故郷・龍ケ崎で「正気塾」を主宰するが、ここで鍛えたオランダのウィレム・ルスカは、ミュンヘン五輪の無差別・重量級の二階級制覇を果たしている。岡野はヘーシンクとも仲がよく、ヘーシンクも何度か滞在していった。

岡野はその後、日本武道館の職員を経て流通経済大の教員になるが、一時期、世田谷にあった講道学舎の師範をつとめている。「古賀元博《もとひろ》君ね、確か九州から来た元気のいい子だったね」という記憶が残っている。古賀元博。稔彦の二歳上の兄である。

東京五輪の敗北は、柔道関係者の目を英才教育に向けさせた。その一環としてつくられたのが私塾、講道学舎である。スカウト網に引っ掛かってやって来たのが古賀兄で、二年遅れで弟もやって来る。

柔道のスタイルでもっとも影響を受けた人は？　という問いに、古賀稔彦は兄・元博の名をあげた。講道学舎に入り、久々に見る兄の背負い投げに度肝を抜かれた。古賀の柔道人生を通して、「いまも瞼《まぶた》に焼き付くもっとも衝撃的なシーン」となっている。

兄の背負い投げを食らった相手は空中を横転、足先は天井まで届かんとするほどの高さなのだ。こんな背負い投げがあったのか――。ポカーンとなって見とれていた。

それまで古賀が習った背負い投げは、ほとんど膝をついて投げる背負い投げだった。技をかける方も、かけられる方も低い姿勢となり、膝をつく。兄のそれは、まるで違っていた。講道学舎にいた師範から教えてもらったという。

兄・元博は自著『古賀稔彦が翔んだ日』（葦書房、一九九四年）の中でこう記している。

1968年の全日本柔道選手権第1日、右背負い投げで技ありを取り、勝利した岡野功

《講道学舎に新しい講師が現れた。その講師は私を見るなり言った。「そんな技はやめて、背負い投げをやってみろ！」。私は言われるままに背負い投げをしてみせた。「違う、違う！　お前はチビなのだからチビなりの投げ方というものがあるだろう。もっと相手の下に入り込んで投げてみろ」

　言われた通りに、もう一度、背負い投げを掛けた。相手は、ゆっくり宙に浮き、弧を描きながら畳に落ちていった。「それでいい」。そういうと、男は目の前を通り過ぎていった。この人物が〝昭和の三四郎〟の異名をもつ岡野功先生であり、私はこの人から背負い投げを教わることになるのだった》

弟・稔彦が講道学舎にやって来たとき、岡野は学舎を去っていたが、三四郎の系譜は、岡野から古賀兄へ、兄から古賀弟へ伝わっていったことがわかる。

兄が日体大二年生、弟が世田谷学園高三年生時、二人は全日本新人体重別の決勝で対戦した。弟が寝技からの関節技で兄に一本勝ちしているが、これが古賀兄弟の唯一の公式試合となっている。兄は大学卒業後、福岡の高校で教員をつとめている。

本稿のテーマ、三四郎的ということでいえば、古賀は一九九〇年、全日本柔道選手権に出場している。決勝まで勝ち進んだ。決勝の相手は小川直也（明大－プロ格闘技）。体重差五十キロ。足車によって投げ飛ばされている。

「女三四郎」へのアドバイス

「女三四郎」と呼ばれたのが、女子柔道の谷本歩実《あゆみ》である。港区赤坂のコマツ本社に訪ねた。宣伝部に所属、女子柔道部の道場は江東区にある。

人物の印象として、岡野が実直、古賀が生真面目とすれば、「ほがらか娘」という言葉が浮かぶ。育った時代の相違もあろう。金髪に金色のマニキュアをしていた時期もあったとか。柔道に付着する、古風で求道的なものはまるでない。ひと通り、インタビューしてから、私は冗談っぽく訊いた。

「ところでボーイフレンドはいるんですか？　ここだけの話ですが」

「ええ？　ここだけになってないじゃないですか！」

そういった谷本、テーブルに置かれたボイスレコーダーに手を伸ばし、掌《てのひら》で覆いつつ「アハッハッハッ」と笑う。インタビューしていて愉快だった。

谷本は愛知・安城《あんじょう》市の出身。運動万能の少女で、大府《おおぶ》市にある大石道場で柔道に親しむ。この道場で教えられた、一本を取る柔道が気性に合った。愛知・桜丘高、筑波大時代を通して、谷本の持ち味であり続けた。

現役を引退した古賀稔彦は、全日本女子柔道の強化コーチもつとめているが、ここで谷本と出会う。

明るくて元気、負けず嫌い、多彩な技……逸材であったが、不満な点もあった。組み手の握りの位置が低いのだ。低いほど防御にはいいが、攻撃力は落ちる。性格は、強気娘だが、気弱な点もあるように思えた。

組み手についてアドバイスはしたが、強要はしなかった。かつての自分のように「指示待ち人間」にはなってほしくない。自身で考え、納得し、自立して歩んでいく。そんな選手になってほしかったからである。

握りこぶしひとつ上げると世界が変わるよ――古賀からそういわれたことを谷本は覚えている。わずか数センチ。それでも馴染んだ感覚を変えるのは時間がかかったが、有効が一本になるケースが増えた。古賀のアドバイスは的確だった。

二〇〇四年のアテネ五輪。谷本の活躍はテレビ映像で見たり新聞記事で読んだりしたのだが、久々、爽快《そうかい》な味がする柔道だった。

一回戦、チュニジアの選手を縦四方固め。二回戦、エクアドルの選手を内股。三回戦、カナダの選手を払い腰。いずれも一本勝ちである。準決勝、アルゼンチンの選手を背負い投げから寝技に持ち込んだ際、相手が肩を傷め、担架で退場となる。

決勝はオーストリアのクラウディア・ハイル。長身の選手であったが、谷本が気合いよく攻め込んでいく。左一本背負い投げから倒し込み、横四方固めに持ち込み、合わせ技で一本。一分十九秒。

勝利のカウントダウンが終わると、両手を頭上でパチンと叩いた谷本、感極まった表情で畳から駆け下り、下で待つ古賀の胸にドンと飛び込んでいった。開けっ広げな自己表現。地味で抑制的なこの世界にも、新世代が現れたと思えて新鮮だった。

「古賀先生だったから自然とああなってしまって……。いまビデオを見返すと恥ずかしいです」

四年後の北京五輪でも谷本は勝者となるが、二大会連続ですべての試合に一本勝ちを収めたのは彼女のみである。

岡野功―古賀元博―古賀稔彦―谷本歩実……三四郎の系譜は、一本の細い糸がつながっている。いずれまた、その系譜を継ぐ者が現れるだろう。

岡野功は流通経済大学の教授（現名誉教授）となり、長く柔道部の監督をつとめてきたが、第一線は退いている。ロビン夫人はアメリカ人で、講道館で黒帯も締めた。

サンフランシスコの出身で、日本文化への興味旺盛で、来日し、講道館に女子部があると耳にして入門した。自宅の居間には神棚が置かれていたが、側に「十字架」も見えた。父は牧師だったとか。和洋折衷ですね――おかしそうにロビン夫人はそういった。

三人の子供たちは独立してアメリカに暮らし、岡野の故郷・龍ケ崎で夫婦二人の静かな日々が続いている。

全日本柔道選手権で、岡野が二度目の覇者となってから四十年余が過ぎている。

小よく大を制する――という無差別に郷愁を誘うものがあるのは、柔道における制度だけでなく、時代もかかわっていよう。

東京五輪は日本が敗戦国になって十九年後。日本はまだまだ小国だった。小柄な選手が大柄な選手を倒す構図に、小国民の美意識が潜在していた。

ヘーシンクに神永が押さえ込まれたさい、哀しみにも似た敗北感が走ったのは、そういう時代の終わりを告げる弔鐘でもあったからだろう。一方で、柔道がＪＵＤＯとして広く認知されていく過程で通過しなければならない事柄でもあったろう。

往時のごとく、中量級の選手が重量級を負かした無差別時代を再現するのはむつかしいだろうと岡野はいう。岡野の時代、体重差は二十～三十キロの範囲内だった。いまや格差はさらに開いて、もはや対等の戦いとはなりにくい。

そうではあるが、いまも無差別の時代に郷愁を誘うものはある。小男が大男を投げ飛ばす。爽快感は変わらない。「小」「柔」「質素」「慎ましやか」……などを尊ぶ日本的思想の多くも消えつつあるが、美意識としての柔道思想は、ひと筋の原流としていまも流れている。

深代惇郎と本田靖春

戦後を見詰め、書き、生きた「天人」「拗ね者」の盟友ふたり

《毎日、コラムを書いていると、きょうは思うような材料が見当たらないという日もある。書くことがなくて、書かねばならぬときは動物園に電話を入れる、というのが昔から新聞記者の習性の一つにあった▼「サル山のボスの争いはどうです」。先方はそんな話を準備してくれたものだ。……》

一九七三（昭和四十八）年十二月三日付の、朝日新聞「天声人語」の書き出しである。書き手は深代惇郎《じゅんろう》。深代は急性白血病で急逝し、当コラムを担当したのは二年九か月とごく短いが、他紙を含め、新聞史上最高のコラムニストだったという声がいまもある。

当日のコラム、往時の飼育課長がサル、ブタ、ニワトリ、チンパンジーなどをプールのコース順に並べ、いっせいに水に放り込み、〝競泳大会〟を開いてくれた余興の思い出を記して、こう締められている。

《……▼書くことがなくて、動物園にも異変がなくて、トイレットペーパーも出回ってきて、雪月花にも感慨がわかないときは、政治の悪口を書くといってはふがいない話だが、そういう時もある。本人は、ほかにないから書いているのであって、そう朝から晩まで悲憤慷慨《ひふんこうがい》しているわけでもないのに、コラムだけは次第に憂国のボルテージが上がって、自分とはいささかちぐはぐの「書生論」になる▼ジャーナリズムには、そういう気のひけるところがある》

深代天人には、上野動物園がからむ話は何編かあるが、これはそのひとつ。内容はどうというものではないが、深代らしいというべきか、日々執筆を強いられるコラムニストの、かすかな自虐も込めたユーモラスな文で、私の好きな一編である。

深代が警視庁第六方面の拠点、上野署を担当したのは昭和三十年代前半である。署の近くに、「バアさん」が仕切る「素娥《そが》」なるトリスバーがあって、記者たちのたまり場ともなっていた。読売の記者で、のちノンフィクション作家となる本田靖春もその一人で、後年、バアさんや記者たちを登場させつつ、若き日の追想記『警察《サツ》回り』を著した。

署内ではよく、時間つぶしに麻雀や花札がはじまるが、そうした席にはあまり加わらず、ソファに横になって本を読んでいるのが深代だった。よれよれのコートを着、身なりはかまわない。こう続けている。

《身支度はそういう風であったが、彼自身は透き通った白い肌をしていて、それが清潔感につ

東京の下町、浅草橋出身の深代惇郎

ながっていた。白皙《はくせき》といえば、皮膚の色の白さばかりでなく、知性を思わせる。彼の場合はまさにそれであった。

　彼の死を知らされたとき私は、クラブのソファに横たわっていた姿と、活潑とはいえない身の動き、それに、あまりにも白かった顔を想い浮かべて、短命は警察《サツ》回り時代にすでにして宿命づけられていたのか、などと考えたりしたが、そのようなことであきらめきれるものではなかった》

　バアさんは「手記」を残していて、素娥での二人をこんな風に書いている箇所がある。

《〈深代氏と本田氏は「素娥」でよく飲み明かした。二人が話し始めると長くなるので、私は娘達を先に帰しておいて、一人で相手した。しかし、話の中身が私には難しすぎて、何のことだかさっぱりわからない〉》

《〈あの頃《ころ》の本田氏は非行記者だったかも知らん？　深代氏は生真面目で彼と対照的だった。全くタイプの違ふ二人が意外にも気が合って、お互いに陰で相手を誉《ほ》めていた〉》

二人が、良き間柄であったことがわかる。本田は深代を、競走馬でいえば「何十年に一度出るか出ないかの名馬である」とし、こうも記している。

《資質からいっても、知識や教養の面でも、また人間性においても、彼は飛び抜けていた。その認識が全員にあって、クラブの調和が保たれていたように思う。警察《サツ》回り時代の仲間で、二十数年にもわたって会合を続けている私たちのような例は、他に一つもない。深代は死ぬまでその中心にいた。その感覚は歿後《ぼつご》も変わらず、常に彼が話題になるのである》

本田の全著作を通じて、これ以上、敬意と親愛を込めて他者を評したことはないと思える一節である。

思春期と戦争期が重なる世代

たまたま私は、深代惇郎と本田靖春の評伝的なノンフィクション（『天人』『拗《す》ね者たらん』）を書く機会に恵まれた。ともに、影響を受けた好きな書き手で、その足跡をたどりたく思ってはじめた仕事であったが、二人には接点があり、人として交差するものがあったことを知る。

二人の残した作品のジャンルは異なるが、視線、立ち位置、気質といった点で通底するものを感じる。

まず重なるのは、思春期に戦争期を送った同世代人ということであろう。深代は一九二九（昭和四）年生まれ。最後の海兵、第七十八期生で、終戦を山口の海軍施設で迎えている。本田は四年下、朝鮮・京城（ソウル）で育っているが、陸軍幼年学校へ入学志願を出したのが終戦の年だった。

国は滅び、戦後の民主主義の時代を迎える。新しい思潮を嚙み締め、自由の息吹きを大切に思うことが二人の共通の原点となっている。

警察《サツ》回り後、深代は語学留学生として渡英、ニューヨーク特派員を経て帰国、教育担当の論説委員となる。後年、ヨーロッパ総局長として二度目のロンドン暮らしを経て「天声人語」の執筆者となる。

本田は社会部の遊軍記者となり、事件や事故報道に追われつつ、「〝黄色い血〟追放キャンペーン」に打ち込んでいく。往時、献血の割合は小さく、多くが売血によって賄《まかな》われ、血清肝炎など深刻な事態を招いていた。キャンペーンは数年におよび、やがて売血ゼロの日が到来する。朗報を知ったのはニューヨーク支局にあった日で、マンハッタンのビルを眺めつつ一人で祝杯を上げたと記している。退社を決めていた頃でもあった。

深代も本田も、新聞記者のスタイルとしていえばごく柔軟な人だった。本田は無頼風を好むところがあったが、その実、ともに最硬派のジャーナリストであったことを知る。

深代天人で、よく知られるのは田中角栄内閣時の「架空閣議」であろう。

《大きな声ではいえないが、ふとしたことで盗聴テープが筆者の手に入った。驚いたことに、先日の閣議の様子がそっくり録音されているではないか。そのサワリを、こっそりご紹介しよう▼テープを信用できるなら、この日の閣議の話題はやはり田中内閣の人気についてであった。……》

という書き出しからはじまり、人気回復策に「ゴルフ庁」の設置が決まったとあって、バンカーがあるから建設相が、芝生があるから環境庁長官が、娯楽遊興税については蔵相が一席ぶち……と続き、こう結ばれている。

《▼……結局「ゴルフ庁設置に関する審議会」を設けるところで、テープは終わっている。あのテープ、どこにしまったのか、その後いくら捜しても見つからない》（一九七三（昭和四十八）年十月三十一日）

このコラム、一見、ありそうな体裁をよそおいつつ、ジョークの類いであることはすぐわかるが、二階堂進官房長官より社に厳重抗議がきた。翌日のコラムで深代は、「政府が迷惑をこうむったというならば、申し訳ないことだが、冗談が事実無根であることを確認するのは、やはり『あの冗談は冗談でした』というほかはない」と記して、平然としていた。

この後も、田中内閣への筆が鈍ることはまるでなく、T氏の御卓見を訊く「架空珍問答編」、総理の適格性を問う「架空特別委員会編」などが続いていく。もとよりそれは、ジャーナリズムは権力のチェックを担うという信念によるものだった。

「うち（朝日）にこないか」

本田が読売を退社するのは一九七一（昭和四十六）年、三十七歳の日である。社主・正力松太郎の紙面私物化への抵抗を企てたが、たった一人の反抗として終わる。けじめとしての退社であったが、そのさい、深代が「朝日に来ないか」と誘ってくれたことを明かしている。
《社外から救いの手を伸ばしてくれた人もいる。深代惇郎さんと、上野署記者クラブの彼の後任であった伊藤邦男さん（のちにテレビ朝日会長）である。二人して私を食事に誘い、「うち（朝日）にこないか」と熱心に勧めてくれた。それも一度や二度ではない。友情が身に染みたが、心は動かなかった。私を育ててくれた、「よき時代のよき読売社会部」に、深い恩義を感じていたからである》（『我、拗ね者として生涯を閉ず』）
フリーとなって間もなく、本田は雑誌連載をまとめた著（『現代家系論』『日本ネオ官僚論』）を刊行するが、三作目『私のなかの朝鮮人』（文藝春秋）は「自身の内在的根拠をもつはじめての著だった」と記している。
この本の書評を、深代が『週刊文春』（一九七四年十一月十一日号）で書いている。朝日の媒体以外で、深代の署名原稿を見るのは珍しい。本田の文春での仕事を担当してきた東眞史《あずままふみ》（後の文春新書編集局長）が深代に打診してみると、二つ返事で引き受けてくれて、二人の関係を改めて知ったという。

本田は日本の植民地下にあった朝鮮で育った。本書の縦糸は、自身の〝故郷〟を訪ねる、いささか苦い旅路となっている。深代は、本書は著者の「心の履歴書」であり、「結論に輝きがあるというより、そのプロセスのまじめさが読ませる力となっている」とし、植民地二世としての「節度と廉恥《れんち》心」が「この本を重苦しいが清潔なものにした」と評している。

朝鮮半島からの引き揚げ者の本田靖春

やがて本田は、ノンフィクション界を担う書き手となっていく。「村越吉展《よしのぶ》ちゃん誘拐殺害事件」を扱った『誘拐』と並んで、『不当逮捕』は代表作であろう。

雨には不吉の臭いがする、などと、気のきいた風なことをいってみたところで、しょせん後からのこじつけでしかない。だが、降られると無性に気が滅入る。そのうち、何かよからぬことが持ち上がっても不思議ではない、といった投げやりな気分にさせられる。ことに長い雨はいけない。昭和三十二年十月二十四日も、たまたまそういう一日であった――『不当逮捕』の書き出しである。

若手時代、本所署にいた深夜、私淑《ししゅく》してきた先輩記者、立松和博が名誉棄損容疑で東京高検に逮捕されたという一報が入る。仰天ニュースだった。

立松は、昭電疑獄では「抜いて抜いて抜きまくった」司法記者だった。売春汚職でも「U、F両代議士、収賄容疑で召喚必至」という〝スクープ〟を放つが、誤報と判明する。背後に「検察部内の奥深く、その最高権力の座をめぐって対立してきた二派の一方が、立松逮捕を突破口に相手方の勢力を一気に突き崩そうとして仕組んだ暗闘劇」が潜んでいた……。

本書の味わいを深めているのが、立松という記者のキャラクターである。その人物像を、本田は濃密な筆致でこう描写している。

《そうすることによって、いつも埒外《らちがい》に飛び出しそうな危うさを身に漂わせながら、風変りで奇矯ともとれる言動を好み、それが地であるのかと思えば、周囲を楽しませるための計算されたサービスのようでもあり、では計算高い男かというと、知己、友人のために自ら失うことを厭《いと》わず、持てる限りを散じ、その点において善意の人間であるのは疑いもないのだが、人の虚飾を見ると異常な情熱を以って引き剝がしにかかり、驕《おご》るものがいればちょっとした奸計を仕掛けて笑い物にする意地の悪さもけっこう持ち合わせていて、そのくせそうした相手からも恨みをかわず、つねに人気の中心にいるという、なんとも襞《ひだ》の多い立松和博の人となりに迫る手掛かりが、いくらかでも得られはしないか、と考えるからである》

本田と立松は職場をともにしたことはなかったが、人のもつ磁場というべきか、立松は若き日の本田を可愛がった。

立松逮捕は、読売の社会部王国が崩れる端緒となるが、そんなはみ出し記者が縦横に活躍した時代があった。本書を貫く音色は〈新聞記者〉への挽歌であり、戦後ジャーナリズムへの郷愁を込めた作品となっている。

底流にあった時代的共有感

深代の絶筆となった天声人語は、一九七五（昭和五十）年十一月一日、「かぜで寝床にふせりながら、上原和著『斑鳩《いかるが》の白い道の上に』（朝日新聞社）という本を読んだ」という書き出しではじまっている。聖徳太子を論じた学術図書である。

聖徳太子は、十人の話を同時に聞きわけ、十七条の憲法をつくった賢者にして有徳の人とされてきたが、「暗い影がつきまとう」人でもあった。四十九歳で世を去る前日にお妃《きさき》に先立たれる。その後、皇位継承をめぐる政争の中、一族は皆殺しにされる。ラスト、「権力に狂奔し、怨霊《おんりょう》におののく古代人たち、いつかもう一度、法隆寺を訪ねてみたい」と結ばれている。

ガンの告知はまだ一般的ではなかった。義子夫人によれば、主治医と相談し、深代本人には、白血病ではなく、虫歯からたちの悪い緑膿《りょくのう》菌が侵入して敗血症に冒されている、という説明をしていた。病名について質《ただ》されることはなく、亡くなるまで、夫はその病名を信じていた——ように思われる。

ただ、絶筆には、二度と法隆寺を訪れることはあるまいと受け取れるニュアンスも感じられて、よくはわからない。四十六歳というはやい訣れだった。

深代を知る人々にひとつ共通の思いがあった。無念といってよい。「天声人語」の書き手として高い評価を得つつ、わずか二年九か月で執筆を終えてしまったという思いである。痛恨の思いは私にも重なってある。ただ、〝二年九か月で執筆を終えてしまった〟は、架空の話を挟めば〝二年九か月も続いた〟と言い換えることもできる。

深代天人の前任者は、疋田《ひきた》桂一郎で、彼も名文家として知られた記者であったが、体調を崩し、ヨーロッパ総局長にあった深代が急遽呼び戻されて、後任を引き継いだ。

疋田天人の後任は深代——というレールは暗黙のうちに敷かれていた。ただ、疋田が体調を崩さなければもうしばらくは担当を続けたであろうし、そうであれば、深代もヨーロッパ総局長の通常の任期をまっとうしたろう。

とすれば、発病時期が変わらなかったという二重の仮定を置けば、深代天人の期間はもっと短いものであったか、あるいはそもそもはじまらなかったかもしれない。

意味のあるイフではないが、そんな思いをめぐらせていると、深代と同期入社で、アメリカ総局長、論説主幹などをつとめた松山幸雄がいったことがふと脳裏をよぎるのである。

——モーツァルトのごとく、天が気まぐれに、かような書き手を地上によこして、さっと召し上げた、と。

深代が逝って、もう随分と時を経てからのことだった。自宅で電話を受けた本田が、途中で立腹し電話を切ったことがあった。夫人の早智《さち》に、「俺の悪口はいくら言ってもいいが、深代の悪口は許さん」——と口にした。それ以上のことは覚えていないが、夫と深代の関係を改めて知る、小さな思い出として残っている。

深代に比べていえば、本田は長生きをした。晩年、糖尿病が進行し、さまざまな疾病に苦しめられつつ、病床で大部の自伝的ノンフィクション『我、拗ね者として生涯を閉ず』を書き遺した。

冒頭近く、「新聞社を辞めて長い年月が経たいまも、変わりなく社会部記者をやっているつもりである」という一節が見られるが、その通りだ。遺稿においてなお社会部記者の目で、自身と過ぎ行きた歳月を綴っている。享年七十一。

本田は〈戦後〉にこだわり続けた記者だった。戦争の放棄、民主主義への思い、個人を尊ぶリベラリズム……生涯を通して揺るぎなき価値基準であり続けた。そのことは深代の立脚点とも重なっていて、二人の友情の底流にあったのは〈戦後〉をともにしたという時代的共有感であったように思われる。

記者生活の後半、深代の所属したのは外報・論説であったが、人と社会を見詰めるプロの中のプロであり続けた。その意味で、彼も生涯、社会部の記者だった。

本田は時評やエッセイを何冊か残しているが、硬いテーマを扱いつつ、隙間からふっと顔を出す、いたずらっ子のようなユーモアがある。深代のそれがウィットであるとすれば、諧謔《かいぎゃく》の味ともいうべきものであるが、こういう茶目っ気はともに生来宿すものだったのだろう。そのことが、二人の間の潤滑油の役割を果たしていたのだろう。それがまた、それぞれが残した仕事に固有の趣を付与している。

あとがき

本書の元原稿は『週刊朝日』（二〇二一年四月十六日号～二〇二一年九月十日号）の連載「追想　漢たらん」である。そもそもの企画者は朝日新聞文化部にあった木元《きもと》健二記者（きもっちゃん）で、週刊誌への異動があったさい、「何か回想的な連載を」という話が持ち込まれたのが発端である。

企画を脳裏の片隅に残していたのであるが、ふっと「交差路《クロスロード》」という言葉が浮かんで、連載の開始と相成った。

かれこれ四十余年、ノンフィクションを書いてきた。詰まるところ、人の人生を描くというのが私なりのノンフィクションであったように思う。

回想的なものに身を浸していると、次々に人物像が浮かんでくる。加えて、その人が他者と交差したひと時を思い浮かべると、より人物像の輪郭がはっきりしてくるところがあった。人とは、他者との交わりにおいて自身をより表現するものであるのかもしれない。

他者との関係性はさまざまであって、チームメート、ペンフレンド、トレーナーと愛弟子、作家と個人編集者、同じ競技者、ライバル、父と子、夫妻、先駆的医学者、スカウトと選手、同郷者、画商と画家、記者仲間……などなど。千差万別であって、生前、面識のなかった二人も含まれている。

それぞれに、濃厚で、また淡い関係性をたどったのが本書であるが、互いの交差路をたどることが、その人を凝縮して抽出しているように思えてきて、このような連載を続けるに至った。

折々に各地を歩く中で、かような物語が紡がれていることを知っていったのであるが、それはどこかで私自身を鼓舞してくれるものがあって、だから故に長く、この仕事に携わってこられたのかもしれない。ご登場いただいた人々に改めて感謝の念を表しておきたい。

本書をまとめるに当たっては、気持的にやや躊躇するものがあった。登場人物の多くはこれまで、拙著のどこかでご登場してもらっている。読者には重ね読んでもらうことになってしまって、相すまぬと思った次第であるが、せめてもの〝罪滅ぼし〟として、判明したものは新しい情報として付け加えたりした。ご寛容いただければ幸いである。

使用されている写真の多くは、各地をともに歩いた友人のカメラマン、太田順一氏の撮影によるものである。本書の刊行に当たっては、文藝春秋ノンフィクション出版部統括次長の目崎敬三氏のご尽力に負っている。お世話くださった方々に深く感謝する。

二〇二三年一月

後藤正治

初出：『週刊朝日』（二〇二一年四月十六日号～九月十日号）に連載された「追想 漢たらん」を加筆修正のうえ、
改題しました（「吉本隆明と川上春雄」のみ書き下ろしです）。

カバー写真撮影：太田順一
本文写真提供：朝日新聞社／京都新聞社／日本雑誌協会／文藝春秋写真部
太田順一／後藤正治

後藤正治（ごとう・まさはる）
一九四六年、京都市に生まれる。ノンフィクション作家。『リターンマッチ』（文春文庫）で大宅壮一ノンフィクション賞、『遠いリング』（講談社文庫）で講談社ノンフィクション賞、『清冽』（中公文庫）で桑原武夫学芸賞を受賞。近著に『奇蹟の画家』（講談社文庫）、『天人』（同）、『拗ね者たらん』（同）など。『後藤正治ノンフィクション集 全十巻』（ブレーンセンター）がある。

クロスロードの記《き》憶《おく》

二〇二三年二月二五日　第一刷発行

著者　後《ご》藤《とう》正《まさ》治《はる》
発行者　大松芳男
発行所　株式会社　文藝春秋
〒一〇二-八〇〇八
東京都千代田区紀尾井町三-二三
電話　〇三-三二六五-一二一一（代）
印刷・製本　図書印刷
DTP　エヴリ・シンク

ISBN　978-4-16-391662-0
Printed in Japan